中华先贤人物故事汇

班固

曹菁菁 著

中华书局

图书在版编目（CIP）数据

班固/曹菁菁著. —北京：中华书局，2023.5（2024.3 重印）
（中华先贤人物故事汇）
ISBN 978-7-101-15986-8

Ⅰ.班… Ⅱ.曹… Ⅲ.班固（32～92）–生平事迹
Ⅳ.K825.81

中国版本图书馆 CIP 数据核字（2022）第 211811 号

书　　名	班　固	
著　　者	曹菁菁	
丛 书 名	中华先贤人物故事汇	
责任编辑	董邦冠	
责任印制	管　斌	
出版发行	中华书局	
	（北京市丰台区太平桥西里 38 号　100073）	
	http://www.zhbc.com.cn	
	E-mail：zhbc@zhbc.com.cn	
印　　刷	三河市宏达印刷有限公司	
版　　次	2023 年 5 月第 1 版	
	2024 年 3 月第 2 次印刷	
规　　格	开本/787×1092 毫米　1/32	
	印张 4¾　插页 2　字数 50 千字	
印　　数	3001-5000 册	
国际书号	ISBN 978-7-101-15986-8	
定　　价	20.00 元	

出版说明

孔子周游列国，创立儒家学说；张骞出使西域，开辟丝绸之路；书圣王羲之，留下了曲水流觞的佳话；诗仙李白，写下了"举头望明月，低头思故乡"的名篇；王安石为纠正时弊，推行变法；李时珍广集博采，躬亲实践，编撰医药学名著《本草纲目》……

这些杰出的历史人物，有的是在中华民族文明进程中做出过突出贡献、对后世产生过巨大影响的思想家、政治家，有的是对中华优秀传统文化的传承传播发挥过重大作用的文学家、艺术家、科学家，有的是为国家安定统一、民族融合团结和中外文化交流做出过杰出贡献的军事家、外交家……他们为中华民族的繁荣发展做出了伟大的贡献，他们的行为事迹、风范品格为当世楷模，并垂范后世。

他们是中华民族的先贤人物。他们的思想、品德、事迹，是中华优秀传统文化的结晶；他们的故事，是对中华民族的禀赋、特点和气质最生动、最鲜活的阐释；他们的名字，在五千年中华文明史上最为光彩夺目；他们为五千年中华文明史书写了最为光辉灿烂的篇章。

为了解先贤，走近先贤，我们精心组织编写了这套《中华先贤人物故事汇》丛书，以翔实可靠的史料为依据，细腻动人的故事为载体，真实地呈现中华先贤人物的事迹、品格和精神风貌，彰显他们的贡献和功绩，激发人们对国家民族的热爱，对中华文明、中华优秀传统文化的崇敬。

开卷有益，期待这套丛书成为你的良师益友。

目 录

导 读

　　班固（32—92），字孟坚，东汉史学家、文学家。班固在其父亲班彪书稿的基础上，沿用《史记》体例编纂西汉一代的史书，起自汉高祖，终至王莽篡汉，名为"汉书"。《汉书》是中国第一部纪传体断代史书，与司马迁的《史记》一同开创了中国正史修纂的体例与标准，在中国史学史上举足轻重。因而班固与司马迁并称"班马"。

　　班氏一族在西汉时开始为官，成帝时，班家因为班婕妤在宫中颇受宠幸，而跻身外戚之列。班婕妤的兄弟雅好诗书，成帝曾将内府藏书的副本赏赐给班家。

　　西汉末期，王莽专权，班氏因不支持王氏而在政治中没落。班固的父亲班彪跟随同是外戚之家的同乡之人窦融经营西陲。后来，窦融归汉，班固才随父入洛阳。班固从小博览群书，在父亲身边受业，十六岁入洛阳太学学习。二十三岁时，父亲病逝，班固继续父亲未完的事业——编纂《太史公书》（即《史记》续篇），完成西汉的历史记述。

班固的史书修纂工作，以汉明帝永平五年（62）为分水岭。在此之前，班彪、班固的修史与司马迁相似，主要是个人行为，对历史事件的评价也基于个人的史识与立场。永平五年（62），班固因被人诬告私修国史而下狱。在弟弟班超奔走辩冤的努力下，班固终于出狱。汉明帝拜班固为郎官，入兰台与陈宗、尹敏、孟异等共撰《世祖本纪》。班固卓越的修史能力得到了明帝的赞赏，拜为郎中，迁为兰台令史，修纂整理东汉开国以来的史事。明帝又命他在其父亲遗稿的基础上，撰写起自汉高祖、终于王莽共二百三十年事迹的《汉书》。从此之后，班固修纂史书的行为变成了东汉官方的行为。

汉和帝永元元年（89），班固随窦宪出击匈奴，为中护军。永元四年（92），窦宪失势自杀，班固受牵连被捕，死于狱中。

班固一生著述颇丰。作为史学家，他修撰的《汉书》，是"前四史"之一；作为辞赋家，他是"汉赋四大家"之一，他的《两都赋》开创了京都赋的范例。班固的弟弟班超平抚西域、打通丝绸之路，妹妹班昭续写《汉书》，一门三杰，堪称东汉文化史上的一段佳话。

儒学传家

四月的洛阳，正当初夏好时节。

班家新得了一位千金，全家沉浸在轻松愉快的气氛之中。

正是牡丹盛开的时候。午后的树荫下，娇艳而柔软的花瓣在阳光的明暗中随风摇曳，散发出淡淡清香。班家父子三人——班彪、班固、班超正在庭院里闲话家常。

班超说："再过几年，妹妹也可以来赏花了。"

班彪说："是啊。子曰，逝者如斯夫！我觉得你们仿佛昨日还是襁褓中的孩子，今天却已经是挺拔的少年了。"

班超又道："妹妹还是慢点长大的好。捕蝉要夏天，掩雀要冬日，编柳条要春日，挖藕要秋日。玩上几轮，好几个寒暑就过去了。挽满、弹棋、六博、弈棋，样样也须精通，这又要耗费不少时日。洛阳还有许多好玩的去处，她应该都去见识见识，再长大不迟。"

班彪笑道："你说了许多，尽是些玩乐的事情。难道你的妹妹不用读书了吗？"

班超也笑了："有父亲和哥哥在，妹妹怕是从小要长在书斋里。我怕她读书读得呆呆的，所以挖空心思要逗她开心一些。不然，妹妹白白在洛阳城里出生长大了。"

班固笑着说："听你这一套说辞，看来是很喜欢洛阳了。可我记得刚到洛阳的时候，你天天生闷气，闹着要回凉州。"

班超不好意思地挠挠头："我从小就特别喜欢看别人骑马。窦尚哥哥有了自己的小马驹，我羡慕得不得了。我求了他好久，他才答应天气好的时候把马牵出来让我骑一下。结果马还没有骑到，父亲就带着我们来洛阳了，我当然不高兴。"

说起陈年旧事，父子三人都忍不住笑了。

"超儿性格爽直，不拘小节，做事又顾虑周全，颇有几分大伯祖的风采啊。"

班超听见父亲夸赞，不由得来了精神，问道："大伯祖是什么样的人？"

班彪看儿子们兴致勃勃的样子，也有了说故事的雅兴。

"咱们班氏啊，源于楚国。秦国灭楚之后，祖先北上，来到了晋、代地区。秦始皇的时候，为了躲避徭役和兵火，祖上班壹继续北迁，到了楼烦郡（今山西朔州一带）。班壹擅于边牧之事，饲养的马、牛、羊数以万计，因此以财力称雄边界。你们兄弟都喜欢边地的风光，大概是血脉的原因吧！又传了几代，班氏就入朝为官了。家人也从边地迁到了咸阳。曾祖班况，在汉成帝时曾任左曹越骑校尉，他的女儿，也就是你们的姑祖，被选入宫，得蒙宠幸，封为婕妤。她的兄长班伯，虽然从小研习儒学，擅长《诗经》之学，但却常常怀念边地的生活。他不想和贵戚王氏、许氏的子弟在京城浪荡无方，于是多次向朝廷申请，要求出使匈奴。正好那时节，单于来朝，朝廷就派班伯带着使节前往塞下迎接。班伯来到塞下，发现边疆定襄（今山西忻州境内）这个地方，官吏的管理不起作用。豪族石氏、李氏因为家族恩怨竟然敢勾结盗贼，公开派出家奴袭击追捕盗贼的官员。班伯认为这种私斗行为不但蔑视国法，而且不利于边疆稳定，于是上书朝廷，要求留下来处理这件事。朝廷批准了班伯的请求，派出王家子弟王舜代替班伯迎接单于入京，而让班伯留在边地，封他为定襄太守。"

班超奇怪道："伯祖一个读书人，能把那些世家大族怎么样啊。人家随随便便出几个人把他打了怎么办？"

班彪微微一笑："如果是你们，你们怎么办？"

班超想了想说："应该查明豪族恩怨的源头，抓住主犯，全郡公审。审理的结果嘛，必须要人人都服气才可以。不然，他们以后还是会来报复。"

班彪又问班固："固儿，要是你，你怎么办呢？"

班固说："应该从教化入手，让边地人民知晓礼仪，遵从王法。人们知礼尊法，就会怯于私斗。礼仪和教化深入人心，长久的治安才能实现。"

班彪说："你们说的，都有一些道理，但又不够全面。"

班超好奇问道:"那伯祖是怎么做的呢?"

班彪道:"定襄的豪族,大概也打听了一下伯祖的底细。他们知道伯祖算是外戚,与太后家的子弟们关系亲近。又觉得他年轻气盛,少不得要新官上任三把火,拿几个豪族子弟开刀,于是都很紧张。这两个大豪族也想了许多应对的法子。"

班彪停顿了一下,班超急忙问:"然后呢?"

"伯祖上任之后,却并不着急追拿私斗的主犯。班氏虽然迁入了京城,但也是曾在边地生活过的。在定襄那个地方,也有很多故人旧识。伯祖先是请来了这些豪族中的老人们,和他们攀谈往事,发现有好几人早年都曾与班家祖辈颇有往来。于是伯祖就把他们请到一起,每日供给酒食,按照子孙对待长辈的礼节来侍奉这些老人。郡中的人们见新来的太守如此客气讲礼节,又不提起私斗的旧事,便觉得伯祖大概并不太在意他们私斗的事情,慢慢就松懈了。当豪族和官府的关系缓和之后。伯祖与这些豪族往来也日益频繁起来。班伯用贵宾之礼款待当地的豪杰。这些豪杰感念班伯的相遇之恩,一次醉酒之后，共同劝谏班伯加大拘捕盗贼的力度，并把那些和豪族相关的盗贼头子的藏匿之地都供出来了。他们这一番行动，正中伯祖下怀。伯祖说："这正是我有求于诸君的事情啊！'于是伯祖召集各县的长吏，选取精明能干的掾史，分队搜捕大盗。这次搜捕很成功，连那些隐蔽的盗贼也没能逃脱。十天就抓捕了所有的盗贼团伙。郡中百姓十分震惊。这些盗贼与当地豪族勾结了数十年，官府从来没有成功地管制过他们，伯祖一个年轻人竟然就这样做到了，大家都觉得不可思议，称呼他为神明之人。"

班超说："伯祖竟然会和这些人做朋友，难道不怕有损自己的德行吗？"

班彪答道："成就事功，是最不易的事情。不但要知礼尊法，还要通晓人情世故。只是强调礼法，没有正确的方法，就难以推行下去。只讲人情世故，而没有道德的约束，就会走入歧途。把握形势的大方向，根据具体的情况作出适宜的决定，这就是因势利导。其中的奥妙，还需要你们慢慢体会。"

班固、班超兄弟都点了点头。

班超又高兴地说："我见爹爹每日都在书房里用功，又见兄长文采斐然，博闻强识。只有我自己读书少有长进，一直以来都很羞愧，觉得自己枉为班家子弟。今天听了爹爹一番话，才发现原来我也是有班家风采的。"

班彪笑道："你们当然都是班家的好孩子。我房中这些藏书，你们也要好好珍惜。它们可是这天下难得的宝藏。天运兴衰，尽在其中。"

班固道："我常见有人到咱们家来借书。这些书很难找到吗？"

班彪有一丝得意之情："除却天子的藏书，咱们家的藏书规模在这天下也算得上数一数二了。"

班固、班超都惊讶道："家中怎么能收集到这么多的书？"

班彪说："凭借一家一族的力量，那万万是不能的。你们也不小了，这些书的来历也应该让你们知道。希望你们能竭尽全力守护这些书籍，世世代代传承下去。"

班固、班超正色道："遵命。"

班彪道："你们从小随我读书，知不知道什么叫做'书厄'？"

班超抢着答道："书被毁掉了，是书的厄运，这就是书厄。"

班彪点点头道："正是。书籍本来就不是寻常之物。作者创作它们不容易。作为书籍，流传于世间，也不容易。上古的时候，只有贵族才有权利看到书籍，平民百姓连认字的机会也很少。到了东周时，孔子穷尽一生之力，把贵族的典籍整理一部分出来，教给平民家的孩子们，知识和书籍才在普通百姓中传播开来。"

班固说："那么孔子真是非常伟大的老师啊！"

班彪点点头道："所以，我们当以圣人的儒学为宗。到了东周末年，官府和民间的书籍都变得多起来。然而，秦始皇统一六国之后，书籍遭到了劫难。秦始皇下令禁毁六国书籍：除了秦国的史书《秦纪》之外，六国的史书全部烧毁；除了博士官收藏的儒家及诸子学说之外，民间的收藏都被官府抄没焚烧。同时，始皇帝还发布了挟书令，规定民间如果有人敢私藏《诗经》《尚书》和诸子书籍，就要将其抓捕并灭族。一时之间，火光四起，民间再无藏书。秦始皇将所有的书籍都收藏在秦宫之中。然而，仅仅过了十五年，起义军就灭亡了秦朝。西楚霸王项羽带着军队进入了咸阳，竟然一把火烧掉了秦宫。里面收藏的书籍毁于一旦。三代典籍，烧掉了十之八九啊。

"高祖建立大汉之后，丞相萧何从秦宫的瓦砾之中找出那些逃过一劫的书籍，重新整理，收藏在石渠阁、天禄阁和麒麟阁之中。又过了近百年，到了武帝时期，有人无意中发现孔子旧宅的墙壁中竟然藏有古文《尚书》《诗经》《礼记》《论语》等典籍。原来还是有人冒着生命危险，在秦朝偷偷地留存了书籍的。于是朝廷开始向民间征求书籍，皇家的藏书不断扩大，皇帝又找出延阁、广内、秘室、兰台等地方来收藏书籍。成帝时，宫中秘府的书籍已经堆积如山。成帝是一个爱好典籍的天子，他决心搞清楚皇家藏书到底都有些什么书。于是他请大学者刘向来主持这项工作。

"你们的二伯祖班斿也参加了这项繁重的工作。与兄长班伯相比，班斿更爱好读书。他从小就记忆力很好，有过目不忘的本事。少年时候，就已经非常博学。因为姐姐班婕妤侍奉太后，所以班斿也经常会出入宫廷。他知识渊博，进退有礼，言辞诚恳，王太后和成帝都非常喜爱他。于是成帝任命他为右曹中郎将，与大学者刘向一起校理宫中秘书。二伯祖非常珍惜这个学习的机会，他一边认真工作，一边拼命吸收新知，辅助刘向完成了整理工作。成帝非常高兴，把宫中藏书的副本赐给了他。"

班超问道："宫中的藏书副本，很宝贵吗？"

班彪道："当然。书籍是不能随便流通的。当年，成帝的叔叔——东平思王——曾经在回京朝见皇帝的时候，提出了一个要求：希望能抄录宫中所藏的诸子之书和《太史公书》。成帝拿不定主意，于是就去问大将军王凤的意见。王凤说，诸子之书里有非难圣人的话，《太史公书》中有战国纵横家的权谋之术，还有关于天官灾异、险要地形的记录，不宜放在诸侯王的封国里。于是成帝就拒绝了东平思王的要求。诸侯王都得不到的书籍，皇帝却赏赐给了班家，可见成帝对二伯祖的学识和人品都是十分肯定的。"

班固说道："没想到还有这么一段故事。"

班彪继续道："二伯祖走得早，他的儿子，你们的大伯班嗣继承了这些典籍。可惜的是，大伯也早早离世了。他临终前，又将这些书籍委托给我保管。父亲老了，终有托体山阿的那一天。你们兄弟二人要好好守护这些典籍啊。它是我们班家最宝贵的财富。"

班固、班超正色道："我们一定不辜负父亲大人的嘱托。"

班彪仰首望天，轻轻道："仅仅是让这些书不坏、不散、不亡，还不够，还要用这些书籍做出一番事业来，才算不辜负了它们。"

初夏的风，温柔而轻快。它旋转了一下身躯，就捎着父亲未尽的话音飞出了庭院之外，消失在高远的空中了。

续写史记

时光荏苒，妹妹班昭会用稚嫩的声音呼唤"阿兄"的这一年，十六岁的班固通过了朝廷的选拔，进入了太学。

太学里都是经学大儒，讲习《易》《书》《诗》《礼》《春秋》《论语》这些儒学经典。班固的每一天都忙碌而充实。同学中不乏聪颖博闻的少年，其中一名同学名叫贾逵，是西汉名臣贾谊的后代，精通古文经学，班固时常与他讨论经学，很有收获。还有一位同学名叫傅毅，文采很好，写起诗赋来洋洋洒洒，喜欢与别人一较高下。班固觉得文采固然重要，但应该是工具而不是目的。比起文辞，他在意的是经史中的微言大义。在班固看来，诗赋只是形式，文字有深刻的思想内涵，才算得上好文章。

太学里也不是总有课的。闲暇时候，班固就会回家居住。

每次回家时，妹妹班昭总会第一个跑出来喊阿兄。弟弟班超也会出来迎接，大家有说有笑，一起去拜见父亲和母亲。

这一次回来，班超告诉他，父亲的私淑弟子王充来访。王充也曾是太学生，据说他的记忆力十分惊人，有过目不忘的本领。太学里至今还流传着他的故事。有一次，经学老师说到了老庄之学，王充竟然可以当场通篇背诵《庄子》。大家以为他家有藏书，谁知竟是从书肆中看到而背诵下来的。这么厉害的人也要拜自己的父亲为师，班固觉得很自豪。但是班固还没有见过王充本人，不免有点好奇。于是让老仆人去请示父亲，是否可以旁听父亲与客人的谈话。

老仆人回复说可以。于是，班固心情激动地去了。

王充身形清癯，有不胜衣袍之感。但是眉毛却很浓重，说话时候总是微微蹙着。

"感谢老师借我《太史公书》。学生读了三四个月，实在是难得的好书。有汉一代，写书的人也算是不少了。太史公的《太史公书》如同黄河一般雄伟，扬雄的《太玄》《法言》如同汉水一般奇险。别人的书，顶多也就算是泾水、渭水一样吧，水势平缓，难称大观。"

班彪笑道："你的眼光一向很高。能如此评价太史公，也足以说明他的文章不凡，并非只做史书可读，做文学之书，亦可读啊。"

王充道："通读书千篇以上，万卷以下，读得流畅熟练，能断句、分析章节，并教授别人可以做老师的，算是通人；能够发挥古书的微言大义，灵活引用古书词句、上书奏记，或者提出见解主张、连句成章的，是文人；著书写文章能说古论今的，万人中没有一个，可称为鸿儒。鸿儒少有，而文人比比皆是。著作如山中之石，俯拾皆是，奇作如和氏之玉，可遇而不可求。"

班彪说："这么说来，《太史公书》算得上完备之书了。"

王充道："也不尽然。如果说《太史公书》有什么遗憾的话，学生觉得也勉强有那么一点。太史公的文章和看法多是因袭前人之言，少了些自己的创造，不免有点可惜。他述古论今，前后千余年，应该有些突破前人的创见才对。那么浩瀚的史实，那么多人物的沉浮，竟然没有激发出一些可以惊天动地的见解来，学生倒是替太史公不甘心了。"

班彪说："史书的编纂，贵在崇实。宁可不说，也不能匆忙落笔、随意评论。"

王充说："老师说得很对。旁边这位公子是？"

班彪呵呵笑道："这是犬子孟坚，我写书的时候，他帮忙做一点文书的工作。"

王充向班固拱手道："久仰大名。"

王充又转向班彪说："老师可能不知。太学里，令公子就已经颇有盛名了。如今我在老师和公子的面前谈论《太史公书》，真正是班门弄斧了。"

班彪也笑了起来："犬儿见识尚浅。正好让他也来说说读《太史公书》的心得，还要请你指导一二。"

王充拱手道："不敢不敢，愿洗耳恭听。"

班固道："儿子读《太史公书》也有几遍了，

心里有些感受，今日不揣冒昧，还请父亲和先生指教。太史公写古代的事情往往见解精当，写本朝的事情，却有点意气用事。怎么说呢，就是感觉太史公写本朝事情的时候，评判的眼光和立场都太关注个人了，而不是站在整个历史的进程上去记录和评价人物。也许因为本朝那些人物或者那些人物的子孙和他生活在同一个时空里，他个人的感情就不可避免地与这些人物和事件纠缠在一起。所以，太史公会花费很多精力去关注一个人一生中的悲欢离合。当他把自己的感情代入那些人物的得失中时，他的评价就往往会失去公平。"

班彪觉得有意思，笑道："哦？你的这个想法很有意思，你说个例子。"

班固道："太史公说，文帝因为周勃、灌婴等人的谗言，不重用贾谊，也不采纳他的学说。可是，实际情况并不是这样。贾谊曾经向文帝提出了四条政论：第一，以礼制治理天下；第二，以民为本；第三，加强中央集权，削弱地方势力；第四，重视农业。这些建议，文帝明明都在治国时一一实现了呀。所以，贾谊只是没有得到个人的荣华富贵，但是他的政见，却得到了贯彻实行，又怎么能说文帝不采纳贾谊的学说呢？"

班彪惊喜道："你说得很有道理。还有别的例子吗？"

班固道："当然还有。"

班彪抚掌道："快来说说。"

班固道："太史公对晁错的评价，儿子觉得也有不妥当的地方。太史公说：'晁错为家令时，数言事不用；后擅权，多所变更。诸侯发难，不急匡救，欲报私仇，反以亡躯。语曰'变故乱常，不死则亡'，岂错等谓邪！'"

王充道："正是，这段故事我是读到过的。太史公对晁错的评价不是很高，认为他这个人刚愎用事，又喜欢向景帝打小报告，支持自己的人，就委以重任，反对自己的人，就打击报复。袁盎和晁错有私仇，互相看不顺眼。袁盎也是一个性格直爽犀利的人，曾经因为直言谏上而被贬出了长安。袁盎曾经被派到吴国当相国，和吴王关系处得还不错。所以，当吴王带头发起七国之乱的时候，晁错便怀疑袁盎早就知道吴王的计策，于是打算先抓捕袁盎下狱治罪。袁盎听见了风声，赶紧入宫见景帝。袁盎对景帝说：吴王叛乱，是因为晁错颁布了削减诸侯王封地的法令。七王叛乱，不是因为对朝廷有意见，而是对晁错有意见。只要杀了晁错，七王就会退兵。于是，景帝让晁错穿着朝服，在市集上将他腰斩，希望能让七王退兵。晁错死了，七王却并没有退兵。景帝只好重用周亚夫和窦婴，武力剿灭叛乱。太史公其实也不认为袁盎是对的。写到袁盎最后被刺身亡的时候，觉得他是罪有应得。"

班固点点头道："王兄所言正是。《太史公书》里对于晁错的记载较为简略。晁错这个人，自小学习的是申不害、商鞅的刑名之说，可以说是法家的传人。太史公一向对法家的作为不是很赞同，觉得他们行事刻薄寡恩，狡诈多变，不择手段。但是小子有幸在家中的典籍中读到了晁错的两篇上书。一篇是晁错向文帝论及匈奴侵边的上书，一篇是论及劝农务本、徙民塞边的上书。读完之后，觉得晁错不但见识过人，而且确实有政务方面的长材。他列出的施政方案，层层剖析，十分具体，便于下属施行。针对匈奴的很多措施，即便今日读来，也是可以仿效的。晁错的见识，可谓超过常人。晁错的为人，固然有很多可以指摘之处。但是说他在七王之乱的时候不急匡救，只想报私仇，从而引来杀身之祸，则有失公允。

"袁盎在吴国做相国的时候，其实已经知道吴王在筹备谋反，但是为了能保住性命，袁盎选择了秘而不报。晁错抓捕袁盎，询问情况，在情理之中。只是晁错可能想借机杀死袁盎，是借公权报私仇，多有不妥。至于晁错的身死，则是局势发展的必然。因为七王叛乱之时打出的口号就是'清君侧'，是把晁错当成靶子的。袁盎说不说谗言，晁错的结局都不会好。晁错的父亲在七王叛乱之前的半个月，就已经预见到了晁错的命运。他的父亲哭着说：'我不忍心亲眼看见你死去。'然后服毒自尽了。这说明，早在七王叛乱之前，晁错父子对自己命运的结局，已经有了判断。没有袁盎进谗言，也有别的人进谗言。七王叛乱，势在必行。皇家牺牲晁错，也是势在必行。晁错的死，无可避免。

"太史公说，'变故乱常，不死则亡，岂错等谓邪'。因为晁错死于非命，太史公仿佛不是很赞同晁错对故法的改变。晁错最大的变革，就是对诸侯王的削弱和限制。汉初分封，诸侯王的势力过大，齐王、吴王，财力比皇家还要丰厚，土地兼并也愈发厉害，常常连郡县都囊括在自己的管辖之内。长此以往，汉家皇室就会如同周天子一样，被地方诸侯架空，成为一个摆设。那么，天下又将重复战国故事。不削弱诸侯力量，诸侯羽翼丰满了也是要叛乱的。削弱诸侯力量，诸侯被刺激，因而提前叛乱了。所以，诸侯迟早是要反的。晁错的变法，加快了诸侯叛乱的步伐，让诸侯没有足够的时间准备，反而为天子的胜利赢得了时机。为了保全性命而装聋作哑，这是把个人得失放在国家得失之前。为了国家利益而不畏凶死，这是把国家得失放在个人得失之前。两者相权，小子取为国者。"

班彪道："说得好。那如果是你，晁错的传记要怎么写？"

班固道："儿子浅陋，不敢为后人师。若写史书，自当尽可能地留存史料，以便后人判断是非曲直。我将照录晁错的上书和对策，让后人因其言见其性，也就是根据他的言论来判断他的为人。太史公记录的史料也很珍贵，我也将全部抄写下来。家藏典籍中还有一些史料，我也要全部抄录下来。这样，后世的人们才能看到更多的史料，由他们自己去判断晁错的为人和得失。景帝是武帝的父亲，太史公在写史书的过程当中，肯定有很多顾虑，行文多有隐晦。而我距景帝已近两百年，不必为景帝隐瞒他的过失。晁错的为人如何，自有后人去评价。但是从晁错的政治举措来看，他一生始终站在维护皇家和国家利益的立场上。晁错的忠心和远虑，应该得到肯定。"

班彪听着班固的一番解说，频频颔首。

王允向班彪感叹道："学生读《太史公书》中这一段故事时，只觉得且悲且叹。看来是被太史公的笔牵着鼻子走了。令郎能跳出太史公讲述的故事，自己思考分析，实在是有非凡的见识与能力啊！况且令郎还如此年少，假以时日，以后前途定然不可限量。为汉家续写史书的人，非他莫属。"

班固听了这番称赞，顿时不好意思起来，忙摆手道："没有没有。小子还只是学了一点点皮毛。为汉家修史书，小子还做不到。"

班彪笑道："现在做不到，就努力去学习，争取有一天能做到。我续写《太史公书》的工作才刚刚开始，有生之年，难以完成。你总是要承担起这份责任的。"

有了这份预知的责任，班固更加勤奋了。除了学习太学的功课，只要有闲暇，他就去阅读家里的藏书。不久后，新司徒玉况上任，请父亲班彪入幕府工作。父亲班彪的事务多了起来，《太史公书》的续写进度就慢了许多。班彪有意把这项工作让班固继承，于是又交给班固许多任务。比如，把家藏的注记一篇一篇读过，然后按照人物和事情将文字一段一段摘录出来，再把同一个人物或者同一个事件相关的文字都聚集在一起，以便写作的时候参考。班超帮班固编制了很多个竹篓子，每个竹篓子都写好小标签，或是人名，或是事件。班固抄录好一段材料，就把竹简投放到相应的小竹篓里。有时候，一份材料既要放在人物的竹篓子里，又要放在事件的竹篓子里，就需要抄写两遍。班固抄录不过来，班超就来帮忙。刚刚会拿笔的小班昭看见兄长们天天在书房里抄写忙碌，也有样学样地在书房的角落里涂涂抹抹。写累了，小班昭也不哭闹捣乱，拿起自己的童蒙小简，左看右看，有不会的字就去问兄长们。兄妹三人，在书房里一呆就是一天。

竹篓子越来越多，越来越满。班昭的个头越来越高，识字越来越多，连她都可以帮兄长们抄写了。后来班昭出嫁在咸阳，一位兄长在洛阳为官，一位兄长远在西域戍边。长长久久的岁月里，兄妹都动如参商，不能相见。可她总能想起书房里兄长们俯首写字的模样，朗声诵读的模样，抚掌大笑的模样，高谈阔论的模样，那是她生命中最美好的时光之一，是她生命里最闪亮的记忆之一，这是她的来处，也将是她的归途。

兄妹三人在书房里一待就是一天。

身陷囹圄

　　班固二十三岁那一年，父亲班彪去世了。家里本就清贫，没有了父亲的官俸，在洛阳生活就显得过于奢侈了。班固接过了续写《太史公书》的工作，不能再事生产。回到家乡，靠着祖上留下的微薄田产度日，成了唯一的选择。于是，班固带着母亲和弟弟妹妹，回到了阔别已久的扶风郡。

　　扶风郡的生活简单而清贫。岁岁年年，杨柳青了又黄，黄了又青。很快，妹妹班昭也出嫁了。

　　不变的是日子，班固带着弟弟班超，每天在书房里写写抄抄，续写着《太史公书》。

　　永平五年（62），一个寻常日子，班家的众人们用过了早饭，各自忙碌。

忽然，里巷响起喧闹的声音，好像有一大群人涌了进来，纷沓的脚步声传来。班家的老仆人忍不住想去门口张望一番，还没有走到门口，杂乱的脚步声和喧嚣的人声就扑面而来了。

"哐啷"一声，门被踢开了。老仆人吓得跌倒在地上。

为首一个壮硕的小吏道："都给我听好了！老老实实不许动！"

仆人们正惊慌失措时，听见动静的班超抢先一步从内室里出来了。他拱手道："这位兄台，来此不知有何贵干？"

小吏仰面道："少来攀兄附弟！班固在不在？出来和我们去府衙走一遭！"

班超拧着眉头道："我兄长与各位素不相识，一直赋闲在家，不曾与人有任何过节，为何要和你们走？"

小吏耐性全失，嚷嚷道："班固犯下了滔天大罪！我们也是奉命拿人。不要啰嗦！来呀，把班固给我提走！"

几个小卒说话间便冲了出来，不顾班超的阻

拦，将还在书房写字的班固拖了出来。

班固突逢巨变，反应万分迟钝："为何抓在下？"

小吏拿出一片公文函牍，读道："扶风县安陵人氏班固，私修国史，猖狂忤逆！先行收押大狱，太守奉诏亲审。"

言毕，一群人就将班固捆了个结结实实。小吏又在庭院中指挥着："书房里所有的书帛简册，全部带走！那都是谋逆的证据！一片儿都不能给我少了！"

班超想上前与这些人理论，被班固制止了："突逢祸难，家里总须一个男儿主持。你万万不要冲动！"

于是，班超只好含泪看着兄长被带走。班家的老老小小，都哭作一团。

庭院不复整洁明朗，眼力所及之处都是一片狼藉。

明明是白天，可是昏暗的黄云却将太阳掩得严严实实，阴沉沉的天色让人喘不过气来。

京兆的大狱中，充斥着难闻的气味。饭菜已经不能用粗粝来形容，简直是猪狗不食的东西了。

此时的班固，已经没有力气愤怒。自从离开了里巷，班固就被带上了枷锁。吏卒粗暴地催促他赶路前往京兆的大狱。一路上，班固拖着沉重的枷锁徒步行走，双脚全都打起了水泡，然后水泡破了，被草鞋反复摩擦，鲜血淋漓。小吏和兵卒对他横眉立眼，稍有不顺意，就一顿打骂了事。等来到京兆的大狱时，班固已经精疲力尽，四肢百骸仿佛早已不属于他。他能体会到的，只剩下一种麻木的虚空。

伏在狱中潮湿的草垫上，班固口干舌焦却不想喝水，腹中饥肠辘辘却无心饭食。他觉得身体无比沉重，而思绪却轻飘飘地仿佛飞在空中。当年被囚禁的司马迁，是不是也曾在这京兆的旧狱中呢？

浑浑噩噩中，班固看见牢房的角落中坐着一个人。那人一身褴褛的深衣，戴着一顶破败的布冠。虽然衣衫不整，头发杂乱，但是身形岿然如岩石。那人面壁而坐，看不见容貌。班固想，这人仪表不凡，怎么也会沦落到此？

班固慢慢移动到他身边，只听见那人正对着墙壁低语：

"西伯姬昌被纣王囚禁，于是推演出了《周易》；孔子在困顿中编纂了史书的经典《春秋》；屈原被放逐莽荒之地，写出了不朽的诗篇《离骚》；左丘明失去视力，却发奋编写出了《国语》；孙膑遭人陷害被挖去了膝盖骨，《孙膑兵法》才得以撰写出来。在秦国曾经位极人臣的吕不韦被贬谪到蜀地，后世才流传着《吕氏春秋》；韩非囚禁在秦国，最终死在了秦国的大牢之中，而他的《说难》《孤愤》却成为秦王的教科书。这些人，如果一生平遂，还能不能有这些惊世的成就呢？恐怕就没有了吧。没有刻骨铭心的悲愤，怎么会有对理想志向的奋不顾身呢？身体虽然遭受侮辱，但是精神却能超脱肉体，成就伟大的事业。"

　　班固在一旁听了，心里有万般感触。他行了一个礼道："在下班固。班固听闻先生所说，实乃卓识，一定不是凡俗之人。是何原因身陷囹圄呢？"

　　"我已经不想提起自己的名字。一旦提起，就是对祖先的辱没。在这幽暗的监狱里，忍受着饥寒交迫，还要面对吏卒的呼喝，我还有一点点做人最基本的尊严吗？没有了。出身有什么用呢？即便是世家大族，出身将相王侯，此时也和低贱的人一样，没有分别。秦国的丞相李斯，声名远播六国，一人之下，万人之上，最后受尽了五刑。淮阴侯韩信，用兵如神，被封为王侯，最后却身首异处。绛侯周勃，曾铲除吕后的势力，一时之间权势煊赫，最后也被囚禁在请罪室之中。他们在牢狱之中，还会有一点点尊贵的样子吗？我宁愿此生再也没有人问起我的名字。"

班固心里冰凉一片："先生如此说，岂不是进来牢狱的人，只有死路一条了。班固自问从来谦卑为人，以研究儒学、续写史书为己任，从未有过逾越礼教的行为。每日都会自省，是否有什么行为不符合中庸之道，时时用君子的标准来约束自己。在下万万没有想到，有一天竟然会潦倒在牢狱之中。"

面壁的人突然低低地笑了起来："死，可怕吗？其实比死更可怕的，是这种屈辱的折磨。你不知道这种折磨何时能够结束，你只能咬着牙捂着伤口坚持着，让腔子里的一口气不能断。和这种痛苦相比，死路，岂不是一条最简单的路吗？死了，就不用面对这一切的屈辱。寻死可太容易了。然而，人总不能免俗，人总有放不下的东西，所以贪生怕死。有的人顾念父母老迈无所依靠，有人顾念妻室儿女不忍离开，有的人则是为了内心未能成就的志向。"

班固说："是的，有未完成的事业，在下还不能死。"

那人又道："我何尝不是呢，所以隐忍苟活。幽于粪土之中而不辞者，恨私心有所不尽，鄙陋没世，而文采不表于后也。"

班固呢喃着重复着那人的话，觉得好生耳熟。这一个字一个字那么熟悉，仿佛就在他的心板上刻着一样。

"我这个人虽然才疏学浅，但是也想不自量力地干一番事业。我从少年时起，遍访名山大川，收集天下散失的历史传闻。遇到有疑惑的地方，就翻阅家里所有的书籍，还去寻访别人家的藏书，来琢磨事情的来龙去脉。我的文采不好，但也竭尽全力地考订史实，综述历史事件的本末，推究成败盛衰的道理，打算写就一部上至黄帝、下至当朝的史书。这部书如果写成，将会有十篇表、十二篇本纪、八篇书、三十篇世家、七十篇列传，一共一百三十篇。我想用这一百三十篇的记载，来探求天道与人事之间的关系，贯通古往今来历史变化的脉络，成就前人从未成就的事业。然而这部史书才刚开始写，还没有完毕，我却遭遇到灭顶之灾。如果我死了，那么这些辛辛苦苦积攒起来的史料就会四散而去，为上古到大汉这段历史编辑史书的事业就又成了梦幻泡影。所以我不能死，我要活下去。等我真正地写完了这部书，让它流传下去，那么，我便抵偿了以前所受的种种侮辱。只要能写成这部前无古人的巨著，即便是让我千次万次地被侮辱，又有什么关系！"

班固觉得自己身上的血都凝固了："您是，您是太史公吗！"

那人仿佛也吃了一惊，他转过头来与班固对视。

班固看不清他的脸，只觉得他的眼睛炯炯有神，仿佛有千万道光芒要照射出来。

班固惊出一身冷汗，原来竟是做了一个梦！

班固的神志渐渐清明起来：不错，我不能放弃生的希望。父亲平生所愿还没有完成，记录大汉的史书不能半途而废。我不能放弃自己，我一定要活下去！

"班兄！班兄！"有人在呼唤他。

班固睁开双眼，缓缓聚焦，才看清来人。原来是郭基。班固与郭基其实并不熟悉。班固以前听闻他的美名和能力，觉得是不可多得的人才，于是向皇帝的弟弟东平王刘苍上书举荐。东平王考察之后，觉得郭基确实为人正直，经学不错，处理政事也很有方法，于是授命他为京兆的督邮。

郭基身后还有一人，正是班超。班超看见哥哥在狱中不过几天的光景，就已经十分憔悴，早已泣不能声。

郭基拱手道："多亏班兄往日举荐之助，郭某才能在京兆尸位督邮一职。某心中常挂念班兄的恩情。如今班兄遭逢缧绁之灾，某自当全力助班兄拿回清白之誉。"

班固连忙拱手道："不敢不敢。近日来，在下思绪良多。如果京兆尹提审，在下一定面陈修史之

班固惊出一身冷汗，原来竟是做了一个梦。

初心。班固一心为国续史，绝无半点藏私啊。"

郭基道："班兄赤子之心，天地可鉴。只是私家修史，一言不当，就难脱罪责。就在前年，扶风县出了一个案子。一名叫苏朗的书生，他在家里撰写谶纬之书，被人告发。众官虽然也有一番争论，但是京兆尹判决下来，仍旧处以极刑。依愚兄所见，班兄的案子最好能进京审理。"

班固迟疑道："怎么会到这么严重的地步？"

班超道："我们回到安陵这些年来，兄长专心著述，少有交际。邻居都是质朴的乡里之人，读书为文的少之又少。再者，寻常百姓，谁会知道兄长在书房中撰写史书？能告密的人，必然是知情的人。知情的人无非是洛阳旧识罢了。这消息从洛阳旧识口中传出，传到了京兆就成了谋逆的罪名，怕是有人包藏构陷兄长的祸心。弟弟担心，如果任由京兆尹审理兄长这个案件，就没有翻身的可能了。"

班固略略沉吟，不禁吓出一身冷汗。

"不错。你分析得甚合情理。那么如今该怎么办呢？"

"依弟的愚见，怕是要谒见天子，请求圣裁了！"班超说。

班固吃了一惊："要见天子，谈何容易？"

班超道："东平王是天子的亲弟弟。天子登基以来，东平王一直在辅佐圣上。东平王曾采纳兄长的建议为朝廷选拔才俊，对你的才能和品德都有了解。我直接去求东平王，他应该会愿意为兄长向圣上说几句话的。如果东平王不愿意出面，弟弟也可以去拦巡县使者的马。当今天子勤政，每月都会派出使者巡视京都，看是否有人申述冤情。我去冲撞队伍，总有说话的机会。事关兄长，哪怕前路是刀山火海，弟弟也要奋力一搏。"

班固紧紧握住班超的手，涕泪交加。

郭基安抚班超道："班兄在这里，某一定会多加照顾，一定不让他有性命之忧。君只管上京吧！"

班超拿出绢帛和笔墨，说："兄长把申诉之词写下来吧。我一定带着它谒见天子。"

一时之间，欲将大汉史书编纂完成的热忱充盈了班固的胸膛，种种不甘、种种期盼涌上心头，班固伏地疾书起来。

自夏商周以来，世代都有史官，专门管理典籍文献、记录言语事迹。春秋战国时期，诸侯国也开始重视自己国家的史书修纂：楚国的史书叫《梼杌》，晋国的史书叫做《乘》，鲁国的史书叫做《春秋》。鲁国的左丘明，为《春秋》做了解释和补充，这就是《左传》，又把各国关于言论的史料加以整理，编成了《国语》。从此，以鲁国史书为基础的《左传》《国语》大行于天下，而楚国和晋国的史书就衰微了，消失在历史的长河之中。有一种记录帝王公卿世系的史书，叫做《世本》，现在还能看见。七雄并争，秦亡六国，这是战国的历史，《战国策》记载了这段历史。大汉初定天下，太中大夫陆贾写出了《楚汉春秋》，记录了汉高祖与项羽争夺天下的过程。汉武帝的时候，太史令司马迁根据《左传》《国语》《世本》《战国策》《楚汉春秋》以及他所知道的列国史料，编纂了《太史公书》，记载了从黄帝到汉武帝时期将近三千年的历史。这部书，今人看了可以知道古人的得失，后人看了可以知道前人的功过，可以说是圣人的耳目了。

司马迁开创了伟大的事业，却没有完成它。《太史公书》略古详今，虽然追溯上古，但重点是记录汉代的时事。《太史公书》有十分之七的篇章都在记载秦汉百年的历史；全书一半的文字也都在记录汉代的人和事。可惜的是，太史公司马迁是武帝时期的人，他去世之后，这部书的记载就断了。后世虽然有褚少孙等人做过一些补充，但并不算成功。第一，他们补充的是《太史公书》原本遗失的篇章，没有记录武帝之后的史实；第二，他们的见识和司马迁相比，差距还是太大了。

家大人班彪，立志续写《太史公书》，希望记录汉室的历史，为后人留下可用的史书。时事需要及时记录整理，如果放任不管，不到百年就会磨灭而无人知晓。从祖班斿，青年时就以博学闻名。汉成帝的时候，曾为议郎，拱卫宫门，后来又升迁为右曹中郎将，校理皇家秘阁藏书。从祖学识渊博，成帝将皇家藏书的副本赏赐给了他，班氏世世代代以守护这些典籍为荣。班氏弟子，也皆以学术为志向，不敢有丝毫懈怠。家大人班彪，在家藏典籍文献的基础上，整理撰写了《元帝纪》《成帝纪》《韦贤传》《翟方进传》等六十五篇书稿，记录了武帝以后的政事和人物，意欲缀补在《太史公书》之后。然而天不假年，家大人书稿尚未完全写就，就离世而去。小人班固不才，自幼在家大人身边受业，又在太学专攻儒学。家大人临终前，嘱咐小人完成未曾定稿的书稿共计百余篇，还勉励小人完成汉家制度的史料编纂。自此，小人不敢有半点懈怠，每日在家只是辛勤读写，只希望早日完成家大人遗愿。小人所写的文章，不敢妄称'国史'。小人的生死不足挂齿，但是历史的传承不应当中断。人或有罪，而文字不当有罪。小人恳请圣裁。

班固把写好的缣帛递给了班超。班超将缣帛仔细叠好，小心塞进了胸襟之内衣服的夹层之中。

"兄长放心，我一定竭尽全力救你出来！"

班超回到家中，便吩咐仆人准备马匹。他强

迫自己休息了片刻，鸡鸣刚过，就骑着马奔向了洛阳。

带着一路的风尘，班超终于进了洛阳的城门，直奔东平王府而去。

觐见天子

　　班超赶到了东平王府门前，却发现大门紧闭。

　　班超上前叫门，半天才出来一个僮仆应门。班超连忙恭敬道："小郎官，敢问东平王殿下可在府上？在下扶风班超，恳请求见。"

　　小僮仆一副茫茫然的样子，答道："这位客君，殿下几日前已经回封国去了，每年不到朝觐之时，不会回来的。"

　　班超心里大惊，问道："殿下一直在京辅佐圣上，怎么突然就离开京都了？"

　　小僮仆有点不耐烦："每天来敲门的人怎么都问这种怪问题。我一个小奴仆知道什么？殿下回封国了就是回封国了。有事就去东平吧。"

说完，小僮仆关上了大门。

满怀希望的班超突然不知所措，他一屁股坐在了王府前的台阶上，动不了了。

本来想着，东平王对兄长的才华有所了解，肯定愿意为兄长说几句话。可是，如今东平王不在京都，如果贸然去封国找人，来回就要好些时日，兄长在狱中不知道能不能熬住。可是自己无名无职，在京都怎么找到关系去谒见天子呢？班超思来想去，终于想到了一个人，就是父亲的老上司，曾经的大司空——窦融。事不宜迟，班超又一边问路一边向窦融府上赶去。

班超本担心窦融位高权重，不会轻易见他。谁知，在门前报上身份不久，就有人出来招待他进去了。

路过不少廊道屋舍，班超见到了窦融。在内堂当中，窦融佝偻着身躯半靠在榻上。班超进门的时候，窦融强行支起身躯，努力地前倾，打量了半天道："班家小儿郎，已经长这么大啦。我看你矫健果敢，很有班氏的家风啊。咳……咳……咳……"话说了没有几句，窦融就剧烈地咳嗽起来，旁边的侍女们急忙上前抚背送水，忙乎一通。

班超看见窦融身体如此孱弱，不免心生怜悯愧疚之情，伏在地上道："老司空一切安好！小子如果不是有性命攸关之事，不敢劳烦老司空！家兄继承家大人遗志，在家为大汉的千秋著述，几年来勤勤恳恳，已经颇见成果。不想，近日突然遭人诬告私修国史，被收押在京兆，性命危在旦夕。班超来京，求见天子，为兄长申冤！求老司空助小子面见天子。"

窦融许久没有出声，久到班超都怀疑老人家是不是睡着了。

班超偷偷抬起一点头，用眼睛的余光去瞟榻上之人，只见窦融微不可察地动了一下，一个侍女就俯到他身边去了。窦融仿佛交代了一点什么事，侍女便悄无声息地退出了内堂。

窦融道："你说的事，老身大概明白了。老身管教子孙无方。他们闯出了大祸事，性命都难保全，何况通达天听？窦家如今都是戴罪之身，皇帝对窦家再无信任可言。本来，今天能见到故人之子，是一件大喜事。可你带来的消息，真让老身难过啊。你的父亲是我的旧部。如今窦家败落，墙倒众人推，和窦家有交往的故人，也都受到了牵连。怕是你兄长的这个案件，也是有人在暗中使坏。我这腐朽之躯也熬不了几日了，竟然看不到子孙保全，真是何其悲凉。我的子孙都是不成器的废物！唯有一个侄子，名叫窦固，还算是个人才。一会儿他就来了，我将你的事情托付给他。"

没有多久，便进来一个人，年龄看起来比班超大不了几岁，英姿勃勃。

来人正是窦固。窦融把事情的原委与窦固讲述一番，又恳切地嘱咐窦固要尽力帮忙，才在侍女的搀扶下离开。

内堂只剩下窦固和班超两人，一时之间，安静无声。

入京以来，一连串的消息让班超措手不及。班氏兄弟离开京都太久，对朝中的风云变幻毫无知觉。想想自己在离开京兆时的踌躇满志，班超额头上不禁沁出了细密的汗珠。自己也太幼稚了！

班超只觉得前途茫然。目前，窦固已经是他能抓住的最后一根稻草。班超顿首道："昧死敢劳窦将军救救我的兄长！"

窦固叹了一口气。

窦固道："窦家得罪天子和太后，早已失势。这件事，窦家不开口，或许有转圜的余地，窦家开口，令兄只有死路一条。"

班超心里一凉，泪水模糊了视线。

窦固又道："但是办法也不是没有。"

班超立刻答道："任何方法，在下都愿意尝试。"

窦固说："说来此人也是令尊故人的后代。想来，君也应该知道伏波将军马援的威名。窦氏、马氏本来交好，我年少时候，与马家的子弟也曾交往甚密。伏波将军的女儿本来也当嫁入窦家，伏波将军嫌弃我等浮躁浪荡，告诫马家子弟不得与我们厮混。后来……唉……我们窦家确实很多事情做得不对。马家与窦家绝交，解除了婚约，将小女儿送入了宫。伏波将军的小女儿，聪颖好学，贤淑温婉，德行过人，深受太后和天子的宠爱，两年前，已经被封为皇后。如果说，如今还有一线生机，那么生机就在马皇后身上。皇后爱惜贤德之人，君前去相求，或许有转机也未可知。在下在宫中尚有一些朋友，或许可以促成此事。只是万万记得不能提起我们窦家啊。"

班超的心里又燃起了希望。如果能让皇后看见兄长的自白书，皇后是不是也会被兄长的才华打动呢？只要，只要天子能给兄长一次觐见的机会……

汉明帝下朝后，如同往常一样，前来皇后宫里坐坐。一进宫门，便看见皇后跪伏在廊下。

这是什么光景？明帝心里暗暗生奇。

马皇后伏在地上道："臣妾谢罪。"

明帝奇怪道："皇后德冠六宫，行事稳重，内廷有序，何罪之有？"

马皇后回复道："掖庭不闻外朝之事。然而今日臣妾接了宫外之物，又要论及朝野之事，故而请罪。"

明帝更加奇怪了："皇后一向避嫌朝堂之事，朕有时谈及，你都避而不语。如今竟有皇后关心的外事，朕倒是好奇起来了。"

马皇后道："臣妾服侍太后，总听闻太后叹息，说起世祖的往事。太后总问，世祖的本纪何时可以写好？太后担心时日拖得太久，好些小事无人用心去记，终究泯灭无迹。太后固然寿在千秋，可总是这样忧心，饮食不思，眠寝不安，总也不是办法。臣妾看着十分心急。为人子女，念及双亲思虑而无力可支，中心难免忧焚。"

其实，这些年，明帝一直派人在撰写《世祖本纪》。怎奈很多记载混杂不清，书写之人又文字拖沓，书稿一直让他不太满意。马皇后的这番话触及了明帝的一块心病。母后和父皇的感情那么好，想在有生之年看见父皇的本纪，可谓是母后的一个心愿。作为儿子，却不能满足母亲的心愿，真是愧为人子啊。

明帝连忙上前扶起马皇后道："皇后说得极是。你身在内庭，却能看见朕在朝堂之中的缺漏，实乃贤德之后。"

马皇后道："今日，一个叫班超的年轻人，托宫人带来一纸上疏。他因为求见天子无门，无奈之下只好曲折行事。他说他的兄长班固，继承父亲的书稿，续纂《太史公书》，希望续写汉室的历史。如今被人告发，因为私修国史的罪名被羁押在京兆大狱。臣妾对朝中之事不敢妄加议论。不过，班固的父亲班彪，臣妾是知道的。臣妾幼年时，曾听家大人提起过，说班彪先生博学通达，是不世出的史材。臣妾想，他的儿子班固，自小在太学读书，想来也是世家子弟中的俊杰。如果确实有罪，应当责罚。如果只是误会，陛下爱才，定然会给他一个公论。朝廷求贤若渴，如果任由一个能纂修史书的人才冤死狱中，多么可惜啊！臣妾这才斗胆冒罪，请求陛下御览这份上疏。"

明帝仔细读了疏文，被班固和班超的兄弟之情感动，也很赞赏班固的文笔。他吩咐侍从，找到班超，让他明日上朝堂面陈案情。

当班超跪在德阳殿上之时，纵然身边环列文武百官，他也毫无局促之感，反而有一种从未有过的浩然之气充盈着他的身体。越是在重大的场合，班超的头脑就越冷静，思绪就越清晰。为兄长冤案辩驳的话语，一字一句，早已在胸中翻涌了千百遍。

"小人家大人班彪，出身名门世家，好古敏求，游学不辍。避乱天水之时，作《王命论》劝说隗嚣归顺汉室正统，然隗嚣不听。家大人又入窦融将军麾下，劝说窦将军归顺大汉。后来家大人东归

当班超跪在德阳殿上之时，纵然身边环列文武百官，
他也毫无局促之感。

京都，无心权势，专心史学。家大人认为：汉德继承唐尧，有灵验的王符作证，拥有天下是天命所归。大汉连绵数百年，西征南进，比过往任何朝代都强大。然而，到目前为止，竟然没有一部完整的史书来记载大汉的辉煌，实在让人叹息。家大人穷尽毕生之力，一直在搜集前朝的遗事，打算续写《太史公书》，补齐大汉辉煌的历史。家大人曾在司徒府任职，也做过地方官吏，是朝廷任命的官员。家大人修撰史书，乃为国为公，算不得私修。

"小人的兄长，自小在太学读书，潜心学问。家大人亡故之后，兄长并未攀附任何权贵，带着家人迁避于故乡，立志完成家大人的遗愿，续写《太史公书》。小人的兄长确实没有朝廷授予的官职，不是奉朝廷的钦命修纂史书。然而，小人的兄长所整理的，都是家大人留下的资料，所尊奉的，也都是家大人留下的规矩。他写的内容中正庄严，与朝廷官修的史书也没有什么大的差别。就算一定要给小人的兄长安上"私修"的罪名，"国史"二字，小人的兄长也不敢当。小人的兄长，整理录写的都是前朝之事，对本朝人物、事迹，毫无臧否，怎么能算"私修国史"呢？陛下圣明！请陛下圣裁！"

明帝问众大臣的意见。众臣议论纷纷，都觉得班超所言有理有据。是否要定班固的罪，实在应当看了班固到底写了什么才好定夺。众臣的意见，与明帝的心意相合。于是，明帝传诏京兆尹，让他把班固押送至洛阳审讯，班固的所有书稿，也一并送到洛阳。

班超大喜过望，叩谢了皇恩之后，又急急忙忙赶回家乡。怕兄长在押送途中受委屈，班超一直不近不远地跟随着押送班固的队伍。押送的小吏也隐隐觉得班固可能不会有什么罪名了，路上对班固客气了许多。

班固和班超顺利抵达了洛阳。班固心中五味杂陈，他对班超说："父亲一直希望朝廷能重视他的工作，可是直到他去世，朝廷也没有授命他专修史书的职务。我以前一直在心中考量，写完这史书，要怎么才能献奏朝廷。我也曾告诉自己，这部史书可能也会和《太史公书》一样，藏在深山之中，无人问津。没有想到，如今，我竟然要以罪人的身份向天子介绍这部史书。真是造化弄人啊！"

班超笑道:"兄长,这便是祸兮福之所倚啊。人生在世,福祸之别,在顷刻之间。只要不放弃希望,上天总有一个公平的交代。这就叫做天道有情!"

见到明帝的那一天,班固的心情是激动大于恐惧的。虽然生死未卜,但是父亲和自己多年来呕心沥血的事业,有这样大白于天下的机会,也足以让他热血沸腾。班固并不是一个擅长言辞的人,但是长久以来压抑的热情,聚集成一股巨大的力量。这力量,支持着班固走入了高大的殿堂,支持着他在天子和满朝百官的注视下侃侃而谈。

班固的一番陈情让百官深深折服。这样一个博学勤奋、品行端正的年轻人,不应该成为政治斗争的牺牲品啊。

侍中高声唱道:"请众臣议。"

大殿上鸦雀无声。明帝虽然即位没有几年,但却颇有手段,短短一年之内,就先后扳倒了两位驸马爷,梁家与窦家相继失势,和他们交往过密的官员多有累及。朝堂之上,人人自危,谁也不敢轻举妄动,生怕招致灾祸。

班家与窦家素有渊源，都是望族。窦家眼下正被查处，班氏跟着窦家一起倒霉，完全符合官场上的情理。如今天子却允许班家的儿郎上殿陈情，这里面到底有什么隐情？群臣心里拿捏不准，自然不敢乱说话，于是大家一起沉默。

须臾，郎官马光走出来，参奏道："班氏一族，自前朝成帝以来就颇有忠义之名。班彪的文章学问，下臣也早有耳闻。听说他确实续写《太史公记》很多年了。班氏藏书之丰富，也独步京都。想来班家儿郎如此博学多闻，也是祖上德荫的结果。下臣以为，世祖中兴以来，图档多而无绪。御史台素有撰写中兴之事的宏图，但至今十余年过去了，尚无定篇。班固如果有撰写史书的才能，不妨给他一个戴罪立功的机会，为社稷做点事情。"

马光虽然职位不高，却是马皇后的兄长。马皇后在后宫因德才兼备、谦虚有礼而颇受太后和皇帝的宠爱，这是朝野尽知的。群臣心里盘算，跟着当今皇后一家站队，总不会错。于是，又有好几个大臣站出来附议。

明帝看着班固，不可觉察地微微点了点头。他对身边的侍中低语了一阵。

侍中领了旨意，下阶大声宣布道："众卿所见公允。班彪、班固撰写的乃是中兴之前的旧事，算不得私纂国史。班固的案卷，发回京兆重审。班固确有史材，即日起入职兰台，与孟异等人共修《世祖本纪》。众臣工可有异议？"

满朝大臣高呼万岁。

高呼声如同浪潮一般，将班固的意识冲击成一片空白。他说不清自己到底是喜还是惊，只有一个声音在耳边盘桓不去："可以修史了，可以修史了。"

拜仕兰台

　　兰台，位于南宫西排，与云台遥遥相望。云台中，供奉着世祖刘秀中兴之时，为他东征西讨、一统天下的二十八员大将。儒生们说，这二十八将乃是上天二十八星宿下凡，辅佐有帝德的世祖取得天下。如今，云台中实际有三十二位将领的画像。除却二十八员大将之外，军功显赫的将军还有四人，其中便有刚刚辞世的窦融。当年窦融听从了父亲班彪的建议，没有联合隗嚣、公孙述对抗世祖皇帝，而是尊奉世祖为汉室正宗，帮助世祖取得了西征的胜利。这一段故事，窦氏的确是有大功于汉室的。遥想当年，自己和弟弟尚在童蒙，便因为窦融的决定迢迢千里来到洛阳。多年之后，自己的牢狱之灾也与窦家有着千丝万缕的联系。思及此处，班固心中忍不住一番感叹。

兰台高耸，秀美异常。南宫旧址本来为西周周公所建。秦始皇登基之后，将洛阳城赐给了吕不韦。吕不韦耗费巨资，营建多年，取六国宫殿精华，荟萃而成南宫。兰台就是仿照楚国宫殿中的兰台而修建的。兰台上的建筑多用石头砌成，阳光下反射出略显冷冽的光，让人有沉静之感。给班固引路的兰台给笔杜泠说："兰台虽是个小地方，却是南宫中顶特别的一个去处。"

班固问道："不知这特别之处在哪里呢？"

杜泠道："宫里的建筑，大多是木制的。只有兰台，是石头造的。听说当年楚国离宫中有兰台，即为石头砌成。楚地潮湿，筑高台可以防湿瘴之气。如今我们这兰台，高高在上，不受洛水水汽的氤氲，又是石头所造，不怕祝融失怒走水，实在是南宫中最适宜放置文书档案的地方了。"

班固恍然道："原来如此。班某受教了。"

这位同僚倒也热情，继续说道："一会儿带你去见陈宗、尹敏、孟异三位贵人。"

两人走到兰台台基之下，拾阶缓缓而上，这位同僚又轻声道："陈令尹、尹郎官、孟郎中，学问都是极好的。说起来，尹郎官平日里是个风趣的人。只不过，他因为受到好友周虑的牵连，前段日子受了一段牢狱之灾。也就是这几日吧，圣上免了他的罪，让他回兰台与众位官员一起修史。尹郎官曾与先帝同学《欧阳尚书》，要不是他性格乖张了些，恐怕已经是给事中了。"

　　班固只是听着，却没有答话。尹敏，他怎么会不知道呢。尹敏曾是父亲的至交。他们经常聊天聊到忘我的境界，不是顾不上吃饭，就是顾不上睡觉。父亲曾笑说，他和尹敏是伯牙与钟子期，高山流水遇知音。可是尹敏却一定要抬杠说，他与父亲是庄周与惠施，没有对方就失去了辩论的对手。班固没有想到，自己遭受牢狱之灾的同时，尹敏竟然也遇到了相同的变故。而如今两人竟然都要为先帝修撰本纪，或许冥冥之中确有天意吧。

　　班固在家中遇见过尹敏一次，也曾听父亲讲过尹敏的轶事。先帝笃信图谶之说，在这方面用心良多。一统天下之后，就打算公布图谶于天下，以安定民心。然而，长安的图谶之中，有很多图谶的内容竟然宣扬王莽为土德，应该代替汉室。这都是当年崔发为了给王莽制造篡权夺位的舆论而刻意附会改写的。因为尹敏对经文比较熟悉，记性又好，先帝就命他去校正图谶之书，把崔发改的那些妄语都删掉。打算删好之后，再将图谶公布于天下。可是尹敏去看了图谶之后，大大地不以为然。他禀奏先帝说："这些图谶，不是圣人孔子的作品，都是一些鸡鸣狗盗之辈的附会之说。图谶里有好多错别字，这岂是圣人能写出来的？"先帝却说，圣人的作品，传抄中有些错别字也是难以避免的，仍然嘱咐尹敏认真删改图谶。尹敏是个倔脾气，他认定了图谶就是胡说八道的东西，于是就和先帝开了个玩笑。他在一卷有缺文的谶书上写上"君无口，为汉辅"六字。先帝御览图谶的时候，发现了这句话，感觉很是奇怪，便招来尹敏，询问此句源于何处。尹敏耿直地答道："君无口，即是尹字；为汉辅，即为汉朝辅国大臣。臣看见以前的人随便增减几句话就能获得荣华富贵，我不自量力，也学着这样做，希望能侥幸当上丞相。"先帝听了，哭笑不得。虽然生气，但先帝生性宽厚又和尹敏有着旧情，便没有责罚他，打发他去长陵当县令去了。

命运几经周转，班固竟然要与父亲的故友重逢了。

不过一念之间，两人已经登上了兰台。兰台上的房屋呈方形，有两层。第一层，为石头砌筑而成，中间为书库，书库有两层，中心为一个方形房间，里面有一个一个石函，藏有前朝文献。这个房间的外围则用青砖砌成一个一个书橱，里面堆放着当朝的文档图书。书库两旁有附属的木质楼阁，供兰台中的官员办公职守之用。兰台第二层，在书库的上方，则是兰台令史们的办公之所，平时例行的校雠工作也在这里进行。

杜泠一边低声与班固讲解着，一边带着他登上了二层。

陈宗、尹敏、孟异三位已经在了，班固对他们一一行礼。三位也十分客气，表达了对班固这位新同僚的赞赏之情，大家寒暄了一阵。

尹敏道："班彪兄仙去已经多年，没承想今日还能与他的公子一同修史，实在是一桩幸事。"

班固道："小子早年已对尹郎官多有景仰之情，今日能伏在座下受教，足以告慰家大人的在天之灵了。"

陈宗、孟异才知道原来班固竟然是尹敏的故人之子，少不得又要道贺一番。

陈宗道："这定然是一个好兆头，说明我们这次的工作能够顺利完成！却说为先帝撰写本纪一事，前前后后也有五六年了。先帝在世时，并不觉得如何。圣上即位之后，催促一年急于一年。只是圣上急也就罢了，太后对此事也很是关注，三不五时就着人来问促。在吾曹之前，也有多人撰写本纪，然而呈交御览之后，总是不能符合圣意。"

孟异接话道："圣上心意幽远浩渺，难以窥见。陈令尹曾经追随先帝，若有所知，还请赐教。"

陈宗忙忙摆手道："在下哪里能揣测圣意。但凡能知一二，何至于如此发愁呢？孟郎中家学渊源，世代传习《易》经，又世代长居长安三辅，对三辅的风土人情、逸闻奇事谙熟于心。圣上请孟郎中来，定有深意啊。"

孟异也推脱道："受圣上之命，在下也是十分惊愕。到底该如何行事，还要请教诸位。"

为先帝修撰本纪这件事，绝非是件好差事。之前几拨人，都是兴冲冲来，凄凄凉去。耗去很多精神不说，圣上和太后还总是不满意，有时候责骂也是有的。这种出力不讨好的事情，让谁摊上了都乐不起来。听说，圣上是因为看了这个名叫班固的年轻人的书稿，而打算重写先帝本纪的，不妨看看这个年轻人怎么说。尹敏又是班固父亲的故交，这种事情，让他们出头是最好的。陈宗和孟异俩人盘算着，决心谋定而后动，看着班固和尹敏不说话了。

班固是后生晚辈，又刚刚因为被人告发而受了一场牢狱之灾。现在脚踝的创伤还因为没有愈合而隐隐作痛。他哪里敢高声言语，于是只是垂头不说话。

尹敏倒依旧是性格爽利，永远缺根筋似的不怕祸从口出："这有什么难的，大家将之前的书稿看上几遍，都从各自的角度说说之前的稿子有什么弊端，为什么圣上看了觉得不合适。陈令尹，你就负责从先帝起于微时的角度来读。孟郎中，你负责从三辅父老的角度来读。我呢，就从图谶的角度来读。班郎官就……班郎官就从史书撰写体例与行文角度来读。"尹敏想到班固年纪小些，对中兴那段历史没有亲自经历过，便让他从文章本身着手去找问题。陈宗、孟异和班固，都觉得尹敏的建议十分合理且容易执行，于是都欣然领命。

几个人从巳时一直读到未时三刻。午时，御史台着人配送了一些吃食过来，四人匆匆吃了。来送餐的小黄门仔细将掉在几上和地上的食物残渣用小扫帚扫走。班固心中想，这应该是怕食物引来虫蚁咬噬书帛的缘故吧。

尹敏道："诸位不妨畅所欲言吧。今日我倚老卖老，就安排班固贤侄先说一说读后的心得。然后，再由我来说一点拙见，权当抛砖引玉了。"

陈宗和孟异都附和道："尹郎官过谦了！班郎官少年博学，所言一定精妙，对我们也能启迪一二。如此甚好，如此甚好。"

班固在众位前辈面前要第一个发言，不免有点紧张，一来怕不知轻重说错话，二来怕对中兴之事不熟悉，所以踌躇半晌，才缓缓说道："各位贵人在上，小子不敢妄言。之前诸位前辈的文笔已经十分雄健，这样的书稿还不能让圣上满意，确确实实让班固心生惶恐。小子不敢揣测圣意，如果仅仅就史书的修撰来说，大概失于琐碎而多绪。其间关于新市军、平林军的叙述似乎不必如此繁杂，更始帝元年、二年之事，似乎也不必交代太详。太史公曾经用过一种传记的书写方法，叫做互见法。"

陈宗道："何谓互见法？"

班固恭谨地答道："互见法乃是太史公司马迁独创的一种撰写史传的方法。一个人，做的明智的事情多而不智的事情少，或者一生主要做了几件事而又参与了其他的一些事，为此人立传的时候，担心所有事情写在一起眉目不清，不能让后世之人看清这个人人生的主要轮廓，就会把事情分开记录。如果这个人基本是明智的，那么就把他有失误的地方放在别的地方记录。如果一个人自己有重大的功业，又在一些历史大事中担任了从属的角色，那么正传中就写他的重大功业，其他琐事就写在别人为传主的历史记载中。又或者，有时候，一些史料的来源有可疑之处，便也不写在正传里，可以附在别人的传记中一笔带过。"

陈宗和孟异听了，心中一动。王莽篡汉以来，群雄并起。先帝发迹之前，活跃的乃是平林军、新市军，后来又有更始帝刘玄。此外，赤眉军曾拥立建世帝刘盆子，之后又有公孙述自立为帝。先帝出于更始帝军中，这段往事真是欲说还休，怎么记录真是个大问题。

班固又道："王莽篡汉，天下大乱，逆贼蜂起。重兴汉室于乱世之中，实属不易。先帝的功业彪炳千古，应当为主线。故而，在下以为，当年平林军、新市军之事应当另外立列传进行记录。至于刘盆子、公孙述，则应当另做《载记》记录。《载记》记录的人，就是曾立皇帝名号却又不是正统所在的人。"

陈宗颔首道："这不失为一种好方法。可以把先帝微时的一些琐事，放进新市军和平林军的列传当中。尹郎官，您说如何？"

尹敏道："编纂史书的体例，全凭班郎官的意思。昔年班郎官的父亲续编《太史公书》之时，我对细节略知一二。要说修史，班家家学渊源，举世无双。听班郎官的，准没错。"

班固连忙拱手道："小子惶恐。"

尹敏接着说："要说本纪的原稿有什么问题，我觉得其中之一，便是对于图谶之说过于卖弄了。图谶之说，并非圣人之言，多有荒谬，难以自圆其说。秦以来，儒生都崇信五德终始之说。五德相克而循环不息，天运按照木、火、土、金、水的顺序迁徙。成帝之时，刘向察天时，认为五德相生而循环不息，天运按照木、火、土、金、水的顺序流转往复。而刘氏承袭尧运，为火德。故而武帝朝，汉为土德，尚黄色。因为《吕氏春秋》中有'数备将徙于土'的话，王莽自立为帝之前，便采用刘向之说，改汉家为火德，又以谶语的形式制造声势，宣布自己为土德，妄图为自己篡位寻找借口。世祖中兴，也多有谶语行于世。只是，这里有矛盾的地方。如果是按照五德终始之说，代替土德的应当为金德。所以，公孙述自称承袭了金德，服白色。如今，民间仍有谶语云'黄牛白腹，五铢钱复。'汉家如今仍然袭火德，这五德相生的天运怎么算呢？我看还是删掉这些图谶之说吧。"

孟异道："尹郎官此言差矣。五德终始，乃战国邹衍深观阴阳消息而推演出的天运奥妙。图谶之说源自圣人，因为关系天命之秘，故而久在宇宙幽深之处，不触天机不现于世。《易经》有云，河出图，洛出书，圣人则之。《洛书甄曜度》曰：'赤三德，昌九世，会修符，合帝际，勉刻封。'尧帝火德，汉高祖刘邦袭尧运，也是火德，先帝为刘氏宗亲，中兴立国，承袭的还是汉家的火德，正是'赤三德'。王莽乱臣贼子，枉顾天命，自称有土德天运在身，结果败亡，身首异处。公孙逆贼，妄称天运，贻笑大方。王莽、公孙根本没有天命。汉家火德从未中断，先帝拨乱反正，宁天下，封泰山，立辟雍，起灵台，恢弘大道，被之八极，乃天命所在。"

尹敏将两袖一笼，不再言语了。他只觉得疲惫，多年来，他因为反对谶纬之说，吃了不少亏，如今一把年纪，他也不想再抗辩了。上有好之，下必甚焉。这些儒生，每个张口闭口都是图谶之说，他也懒得一个个去反驳辩论。

班固道："前辈们所言俱有道理。只是太史公创立《本纪》的体例时，编年以系事，语言贵简明扼要。图谶之学博大精深，相胜相依，往往洋洋洒洒千言而不能尽述，如果都写入《本纪》，怕是要冲淡了先帝主要事功的脉络。不如仿效太史公，另作《封禅书》之类详加论述。"

孟异听了，颇为满意，道："班郎官所言甚是，我看这样安排极为妥当。"

陈宗道："诸位都说了意见，我看这文稿的修订工作已经成功了一半了。只是现在还有一点，便是这史料，不知是否精当。我们还是要逐个考订年代、人物及事情始末，最好不要有什么记述上的硬伤啊。"众人皆点头称是。

由于史料要重新加以编排整理，一些史实还要加以核对，工作量实在是不小。班固和众人在兰台中每日都要工作四五个时辰，一旬休息一日。虽然众人辛劳不辍，但是都不敢写定书稿。因为圣上的心意到底如何，他们仍然没有多少头绪。前面的各位修史之人，也都是博学之士，结果却不能让圣上和太后满意。他们几人也心中忐忑，如果所写的书稿不是圣上心中所想，呈上去，不但没有功劳，反而会有过错。

一日，宫内黄门令传马皇后诏，宣班固觐见。众人觉得这真是天赐良机。马皇后在明帝身边，承迎圣意，专宠多年，除了她，还有谁更能了解皇帝的心思？如今马皇后宣见，这不是探口风的好机会吗？于是众人都嘱咐班固，一定要竭尽所能，探听一下天子的心里到底是想要什么样的《本纪》。

班固来到长秋宫时，马皇后已经在堂中等候了。

班固行礼之后，马皇后用一种恭谨的口气道："班郎官倾力为先帝撰写《本纪》，有劳了。今日请班郎官来，是有事需当面请教。"

班固空首道："能为皇后效力，臣当知无不言，言无不尽。"

马皇后道："我儿时学习，听师傅讲《礼记》时说，古代圣王之时，他们的行动由左史记录，他们的言论则由右史记录。汉家承天运以来，可有这样的礼制？"

班固道："古时，有专职的史官记载天子的言行。故而后人可在《太史公书》之中见到宫闱之中的私语。汉家承运以来，宫禁之中，自然也有记录天子言行的制度。只不过无定职，无定责，一般由侍中负责。武帝时候曾有《禁中起居注》，记录汉武帝在内廷之中的每日言行，至成帝、哀帝之时，制度不废。"

马皇后道："那么，即是中兴以来，宫禁中并无人记录天子起居之事了？"

班固道："据臣所知，尚无制度。"

马皇后道："不知班郎官认为，女子可否修史呢？"

班固道："修史与天性资质有关，与性别无关。男子可以修史，女子当然也可修史。"

马皇后腼腆笑道："我不自量力，也想为圣上记录每日起居之言行，以求后世之人能窥见天子圣明勤政之一二。只是，如何撰写，心中却没有章法。今日要请教先生的就是这件事。这起居注当如何修纂呢？"

班固道："记录天子起居行止的记录，在内廷之中当有专人负责，有负责记录的，有负责裁列成文的，皆不可偏废。每日的行动要详细记录，口谕、诏令、处理的事务也应当记载，或根据时间排序，或依据轻重缓急排序。此事需要有专人做好统筹安排，方可有条不紊地进行。"

马皇后颔首道："多谢班郎官赐教。我当尽心研习。"

班固回道："皇后圣明。"

马皇后又道："太后十分关心先帝《本纪》修纂的进度，这个月已经差人问了圣上三次了。不知班郎官这边情况如何？"

班固想起兰台中众人的嘱托，小心答道："《本纪》大体已备，只是不知是否能合圣意。故而臣等在兰台中颇多踌躇，不知如何使它尽善尽美。"

马皇后沉吟了一下，缓缓道："大汉天运为火德。火德尊崇纯孝。班郎官承袭父志，生死无畏，对'孝'的感悟应当深在骨髓之中了。在孝子眼中，父亲乃是世上最伟岸之人。当今圣上，也是纯孝之人。班郎官将心比心，便可知道，圣上想看到的，应当是怎样的《世祖本纪》。"

言毕，马皇后默然看着班固，目光灼灼。

言毕，马皇后默然看着班固，目光灼灼。

回到兰台之后，班固隐去和自己有关的内容，将马皇后的话转告了众人。众人如梦初醒。

陈宗道："老臣日渐昏朽，好多事情记不太清楚了，如今想来，这更始帝本来并没有什么军功。起初军中功劳最大的，本应是先帝之兄刘縯。只是绿林军惧怕先帝兄长的威严，不肯受管束，所以才拥立为人懦弱的刘玄为帝。刘玄为帝，并非天运所归，故而两年而亡。依我看，当拿去帝号。"

尹敏微微哂笑，一言不发。

孟异是个实干派，直言道："大家各自将书稿改过，最后再交由班郎官统一整理润色吧。"众人全无异议。

几经波折之后，班固终于写定了《世祖本纪》。明帝读了，十分满意。又问及刘玄、刘盆子之事，班固回禀道："另有列传、载记记录。"明帝又问相关列传、载记有多少。班固便把大家写成的初稿呈交给明帝。这些列传、载记与《世祖本纪》一起，共计二十八篇。

明帝读罢，十分欣喜。他觉得自己果然没有看错人。班氏在前汉是外戚之家，不但受到了很好的教育，而且获得了成帝的赏赐而拥有了皇家藏书的副本。他们本来已经流亡去了西陲，却在因缘巧合之下，来到了洛阳。回顾过往种种，明帝愈发相信，这是上天赐给他的著史之人，或许汉家的历史，就应该由这个年轻人来书写。

明帝道："班郎家学渊源，纂修汉家历史已有多年。今日见班郎的笔力，方知传闻非虚。班郎确实为不世出的良史之才。此后，班郎就是奉诏为汉家修纂国史的人了。只是《续太史公书》这个书名不太恰当，不配为汉家史书之名。古代圣朝之史有《尚书》《虞书》《夏书》《商书》《周书》，一脉相承，大汉继承尧帝火德，史书应该名为《汉书》。即日起，迁班固为兰台令史，拜为郎中，入兰台校书、修史。"

班固心潮澎湃，忧喜交加。喜的是，从今日起，他终于可以在兰台之上、东观之中，光明正大地为汉家修史了。忧的是，在家修史，以太史公为师，心无挂碍，畅所欲言，而奉诏修史，史书体例、史事裁剪、史论立场就要有规矩了，这规矩不在书中，而在圣上心中，难以捉摸，自己能不能写出父亲想要的汉家史书呢？班固心中不禁空茫起来。

两都赋

永平十二年（69），明帝想修建水渠沟通黄河与淮河。修建水渠不是一件小事，于是召集群臣商议。

群臣商议之初，话题还主要围绕着怎么修筑河渠这个问题进行。说着说着，话题就偏了方向。有人开始质疑要不要修这段河渠。毕竟，修河渠耗费大量的人力物力不说，最后效果好不好也不知道。一些大臣认为，修建河渠的起因，在于南方供给洛阳的稻米和其他贡品要经过淮河，淮河与黄河往来不便。可是如果迁都到前汉时期的长安，就可以走汉水，用秦朝的旧渠了。

迁都的话题一旦说出来，就一泻千里了。群臣纷纷有话要说。支持的人站为一派，反对的人也站为一派，两边是公说公有理，婆说婆有理。修渠的事情，被扔到九霄云外。大家各执一词，天命、正统、符信、祥瑞统统出笼。两派你来我往，好不热闹。明帝的脸越听越黑，宣布休朝。

自从奉诏修撰《汉书》以来，班固勤勤恳恳，每日在兰台中读读写写，抓紧一切时间多做一点工作。他希望自己能够更全面地掌握史料，以便做出客观的记录，而不至于偏听偏信，贻误后人。此时，贾逵、傅毅、崔骃等人俱在兰台校书，当年太学时的同学又聚在一堂。兰台中人的一个重要职责，便是为朝廷撰写文章。赋、颂和四言诗都是基本的应制文章。一遇到朝廷中有重大事务，明帝都会诏令兰台诸臣撰写文章，并亲自点评。这无形之中便形成了一种攀比之风。被点为特等的，自然喜气洋洋，然而没有被褒奖的，难免心有芥蒂。班固知道，傅毅在心中是最为不服气的。凡有撰文之事，傅毅总是暗暗较劲，对于明帝的点评尤为在意。这一点，和当年在太学时候，真是没有两样。然而，越是在意，就越容易陷入前汉大赋的窠臼中难以自拔，不是辞藻华丽无当，就是议论缺乏贯通的文气。班固倒是很佩服崔骃的文章，洋洋洒洒，超然物外，将先秦诸子的风流都化入了诗赋之中。

这一日，黄门侍郎马光突然造访兰台。

马光刚刚升任黄门侍郎，成为皇帝的近侍。虽然升迁了，但是他身上却没有得意洋洋的神色，依旧如同往日一般笑意盈盈，他拱手施礼道："小臣见过各位郎中、郎官。"

大家也一同施礼，请马光上兰台的阁中去落座。

马光一会儿问问贾逵的母亲身体是否安健，又问问傅毅的家中是否安好，恨不得每个人都寒暄了一遍，方才说起正题："小臣今日来叨扰各位，甚是惶恐。近日圣上有忧思，诸君可知？"

这内廷之事，在兰台的外臣哪里知晓，于是大家都称罪不知。

马光道："想来诸君都知道了，圣上为修建汴渠的事情伤透了脑筋。这看地势啊，筹备钱款啊，调发兵员啊，一桩桩、一件件，哪个不耗费心神？偏偏议事又议出个迁都的风波来，诸君应该都知道了吧。"

众人不明就里，只好唯唯诺诺。

马光一看众人没有应声，只好又说道："关中是好的，大汉的根基曾在那里。但是，这秦朝，也亡在关中啊，多少也有些不吉利是不是？再者说，自先帝以来，洛阳营建宫苑、经营市集，已经是天下之中，通衢八方了。这个时候，再回到长安去，不合时宜呀。"

马光说到此处一顿，等着众人应和，结果众人又是唯唯诺诺。

马光登时有点儿绷不住了，只好将底儿和盘托出："有些大臣翻出了当年杜笃的《论都赋》来劝谏圣上，让圣上难以回复。圣上叫小臣来，就是想让各位一展长才，也写个大赋出来，和《论都赋》较量一番，务必能使民心归服，不再提迁都之事。不知哪位可以为圣上解忧呢？"

傅毅率先答道："傅毅不才，虽才疏学浅，也当效绵薄之力，以尽忠心。"

马光喜道："傅郎何以如此谦虚，有您执笔，圣上可以无忧了。"说着又拿目光去瞟众人，瞟来瞟去，看向了崔骃："崔郎文采飘逸，在太学时就已名满洛阳。崔郎对洛阳想必最是熟悉，此番效力，不可推辞啊。"

崔骃施礼道："谨受命。在下又冒昧推荐班郎中。班郎中撰写《汉书》，又曾著《世祖本纪》，对长安、洛阳之典故最为熟悉。班郎中若能执笔，定在我辈之上。"

马光抚掌笑道："崔郎所言甚是。班郎中切莫推辞啊。"

班固连忙答道："班固不敢。定当竭尽所能，为圣上解忧。"

马光振振衣袖，觉得今天这趟差事算是办成了，他笑盈盈地奉承道："有诸君在，小臣是看见了圣人盛世啊！"

班固回到家里，一直在思索这赋该如何起笔。杜笃的《论都赋》是在光武帝时候写成的。先帝平定天下之后，关中旧族就希望天子能重返长安未央宫。其实，光武帝也曾动过回长安的念头，他在建武十八年（42）的时候曾经西巡至长安，整理了因为战乱而破败不堪的旧宫室，又祭拜了汉室的宗庙。回到洛阳后，又下诏重开函谷关，在长安修建大驾宫、六王邸、高车厩，修理东城门，在泾水和渭水上搭建桥梁。从洛阳到长安的离宫，也都重新进行了修缮，一副要乘舆西归的景象。然而不久之后，西迁的动作就无声无息了，最终，都城还是稳稳定在了洛阳。于是杜笃就写了《论都赋》提醒先帝，是不是应该回长安去。这篇赋，打破了往昔以辞藻取悦皇帝的旧例，虽然是主客问答的形式，然而言辞辩赡，有理有据，气韵混成，说是一篇奏章也不为过。

班固内心清楚地知道，当今的圣上是不可能再迁都长安了。当今之世，人心多怀古。他们总觉得过去的时代才是最好的时代。仿佛只要恢复了旧时的礼仪、都城、制度，就可以过上安定的生活。其实，时过境迁，历史的车轮总是往前滚动不息的。总怀念过去，并不会让生活变得更好。洛阳已经营建了多年，怎么可能说迁都就迁都呢？既然要与《论都赋》抗衡，那么就要在体例上与它相同，要使用主客问答的大赋体。其次，《论都赋》说的都是关中的繁华与险要，贬低洛阳的历史地位。若反其道而行之，应该贬损长安而赞美洛阳。然而，周朝开始，帝王的根基就在长安。就连大汉，最初也是定都长安的，贬损长安万万不行，贬损长安就是贬损大汉。所以只能用讽喻的方式，又要夸赞大汉在长安时的辉煌，又要说明长安在成帝之后的衰败。至于夸赞东都洛阳，就要简单多了，只要将圣上这些年来在洛阳所花的心思着力描绘一番，便可见洛阳的繁华盛景与来日的长治久安。

班固埋首书斋，写作不辍，终于完成了《两都赋》上下两篇。一篇《西都赋》写长安旧时景色与后来的衰败，一篇《东都赋》写洛阳的欣欣向荣与以后的辉煌。班固写完之后，感觉要说的话已经说尽，应该是没有什么遗憾了，于是便去找贾逵，请他过目并提一点修改意见。

贾逵仔细看了一番道："班兄写得甚好。言语雄壮，笔走龙蛇，故闻新知，引经据典，论述环环相扣，令人心悦诚服。"

班固道："本来是请贾兄提意见的。君只管批评就是。"

贾逵说道："真的没有什么好指摘的。前两

日，傅毅也曾将他写的赋带来，请求批点。他写的是《反都赋》，句句针对《论都赋》而作，虽然言语犀利，但是格局比班兄的文章小多了。在下不才，觉得能流传百世的，应该是班兄的这两篇文章。"

班固知道贾逵这个人，不善交际，从来没有什么客套话，他说好就是好，说不好就是不好。于是放下心来，道："贾兄既然如此说，班某方敢来日进呈圣览。"

贾逵的眼光果然独到。傅毅、崔骃两人，都用驳论文的形式，针对《论都赋》而作了《反都赋》。文辞不能说不华美，文气不能说不浩然澎湃。然而，相较于班固《两都赋》的纵论古今与宣扬礼仪教化胜于山川形胜的观念，就显得格局小了。

大赋自西汉晚期以来，有式微之势。东汉建朝以来，注重教化，以复兴汉赋为任。即便如此，能写出辞藻典雅、文势滂沱的大赋来，也并非易事。像班固《两都赋》这般的鸿篇巨作，尽显汉大赋之雍容，是众人从未曾想见的。

明帝不但褒奖了班固、傅毅、崔骃等人，更诏令将《两都赋》全文公布天下。官员和儒生们读后，都被文章的博学与雅正所折服，迁都长安的呼声渐渐就消失了。

《两都赋》表面上在比较都城的优劣，实际上则讽喻统治者以教化代替奢靡，以礼法节制欲望，而且引据的历史典故引人深思，成为两汉京都大赋中的名篇。后来，南朝梁太子萧统编选了我国第一部文学总集《文选》，将班固的《两都赋》放在了全书首篇，足见对它的重视与推崇。

论史云龙门

永平十七年（74）的春天，洛阳城的街头巷尾又有了新的谈资。

"听说了吗？昨天一早，几十只大鸟，在南宫的上空盘桓不去啊！还发出阵阵长鸣，啾哇，啾哇……"卖豆腐的汉子还有十几块豆腐没有卖掉，又不甘心就此收摊，于是和周围的人攀谈起来。

"哎呀，我也听说了。这出早市的人都看见了呀。这么多年，可从来没有见过这种情形。是不是要发生什么灾祸了啊……"卖完柴打算回家的樵夫应和道。

"胡说！也不怕衙门里的人把你抓去！治一个妖言惑众的罪，够你全家受的！"一个晒太阳的老头儿低声呵斥他。

樵夫立马噤了声，不敢言语了，但他又想听听城里的聪明人们会说些什么，于是并不着急离开。

晒太阳的老头缓缓道："鸟啊，也通人性。禁宫威严，就是飞禽走兽，都不敢随意靠近。南宫附近，没有森林。这么多大鸟同时出现，真是少有的光景。就连我这个黄土埋到头顶的人，也是第一次见。"

一个来买东西的仆人样貌的人嗤笑道："没有见识就是没有见识。什么大鸟，那叫神雀！"

卖豆腐的汉子很不高兴："嚯！你认得几个大字，在这里说什么见识不见识。神雀？你怕是连城都没有出过，知道什么是神雀吗？"

仆人顿时气急："我家老爷说是神雀，就是神雀！我家老爷传话了，昨天这宫殿上方盘旋的，乃是五彩头冠的神雀！数量是不多不少的二十八只，乃是天上二十八星宿幻化而成。他们在空中飞舞，舞的也不是别的，正是上古尧帝的《大章》之舞。天子是尧帝的后裔，这神雀云集，乃是祥瑞之兆！正是我大汉天子圣武英明、上天佑护的明证。你们知道些什么！"

众人被他一番话唬得呆住了。

樵夫也弄不明白，这鸟还能跳什么"打仗的舞"？什么尧帝，什么后裔，统统没有弄明白。

"这早市上那么多人看着，都没有怎么看清楚那鸟的样貌。怎么你家老爷就看见了五彩的毛了？"卖豆腐的汉子讥笑道。

"要么怎么说你是愚昧小民呢。我家老爷看得到，所以当得了大官。你看不到，才在这里卖豆腐！"仆人回起嘴来丝毫不含糊。

众人哈哈大笑起来。

卖豆腐的汉子不服气："拿着牛毛当棒槌。吹牛谁不会？"

仆人这口气是咽不下去了："小爷我今天费点口水，给你们开开眼！昨天这神雀，不但在宫殿上方盘旋了，而且，还落在了崇德殿前！天子和大臣们都看了个仔仔细细。其实，也不怪你们不知道，就是那些个王公大臣，也没有几个知道的。这齐武王的孙子临邑侯，平日里斗狗养雀，出了名的见识广。天子就问他，这是个什么鸟儿呀？你们猜怎么着？这临邑侯哼哧半天，竟然答不上来，只好说，臣平日里见了不认识的禽兽，都是去问贾逵的。贾逵你们知道吗？那可是以前大神仙贾谊的重重重孙子，懂得可多了！贾逵说啊，这种鸟儿叫鷫鸘，是五凤之一。这种神鸟一旦出现，胡人就要投降啦！天子大喜，命大臣们都要写文章赞颂这件事儿呢。"

樵夫松了一口气："原来是祥瑞！那就好了。今年的日子应该好过了吧。"

晒太阳的老头儿嘿嘿一笑道："好不好，日子都是这么过啊。今天，你的柴可多卖出去一个铜钱？"

众人听完了新鲜，也都散去了。有几个性子急的跑在头里，打算把这新鲜事儿赶紧带回去显摆给邻里听。

德阳殿上群臣毕集，明帝虽然身体一直抱恙，但是今日看起来，气色颇为清朗。

明帝道："庄子云，学也无涯。诚不我欺啊！日前，崇德殿前降下神雀，百官都不认得，倒是校书郎贾逵常年研习五经，认出了凤鸟祥瑞。朕由此也想看看众卿的学力，让众卿们各写一篇文章来呈。众卿平日里确实用功不辍，文章都写得不错。不过，班郎中和贾郎官所写的《神雀颂》最为精彩，言辞典雅，旁征博引，文气磅礴。傅毅、杨终、侯讽三位的颂词也如珠如玉，不同凡响。今拜贾逵为郎中，迁为兰台令史。"

众臣齐呼万岁，并贺贾逵。

散朝之后，贾逵与班固同行。班固拱手祝贺道："景伯兄此番拜为郎中，可喜可贺。"贾逵谢道："我在太学多年，钻研经书，对应制之文早已生疏。此番撰写《神雀颂》，多亏孟坚兄的帮助，否则也难复圣命。"

班固笑道："景伯兄何须太谦。应制文章，有章可循，训诂考证，浩瀚无涯。若不是景伯兄的原文考证详实，涉猎广博，就算以文采饰之，也难以得到圣上的青睐。"

贾逵素来与朝中官员少有往来，应酬交际的话也不太会说。他拱拱手道："总之有劳孟坚了。"班固不必再说客套话，也倍感轻松，不自觉松了一口气。

贾逵在注疏《左传》，完书在即。班固正好对《春秋》中的一些地方有疑惑，便请教起来。贾逵一听这个话题，便来了精神，滔滔不绝地说了起来。班固听得饶有兴味，两人一起缓缓步出北宫。

旁边也有同在兰台为官的官员，他们议论道：

"前几年，班郎中呈上了《世祖本纪》，被拜为郎中。如今贾博士也凭一篇《神雀颂》官拜郎中。他们曾是太学同学，这也算是儒林的一段佳话了。"

"天子笃好文雅。文章写得好的人才，自然是平步青云啊！"

"我印象中，傅郎仿佛也是班郎中的同学？"

傅毅平平淡淡地答道："正是。"

这个官员讪讪笑道："傅郎文辞绝代，想来升迁为兰台令史也是指日可待啊。"

傅毅并不答话。几位官员找了个没趣儿，也不说话了。

傅毅抬头极目远望，南北宫上空长云贯空。傅毅自认文采不在班固、贾逵之下，却总郁郁不得志。昔日同学早已升为郎中，而他何时才能如同雄鸟一般展翅高飞呢。

夏天的时候，西域传来了消息。窦固带兵出玉门关攻击匈奴，降服了车师国。而班超则大败了龟兹的军队，立疏勒老国君的侄子为新君。疏勒臣服，派使者前来汉庭纳贡。贾逵曾经说，神雀出现是胡人来降的征兆，如今仿佛应验了。然而汉明帝的病却缠绵不去，朝会的次数也慢慢减少起来。一日，黄门来宣，让班固前往云龙门面圣。

云龙门是北宫的南大门。高台有十丈之高，上面建有楼阁，两边的阙观巍峨耸立，尽显皇家威严。当年，营建北宫之时，此门耗费良多。建成之后，北宫方有俯瞰南宫之势。南宫本是东周时的旧宫遗址。西汉时经营东都，将南宫修整完善。王莽之后，天下甫定，先帝将南宫修葺了一番便沿用了下来。当今圣上力排众议，营建北宫，想来是不甘心让本朝的辉煌掩盖在前朝的旧尘之中。在皇帝身边久了，总要去揣测皇帝的心思，然而汉明帝的心思幽深，班固常常觉得力不能逮。自从父亲过世以来，班固经过许多坎坷，变得越发小心翼翼。他深知，一次错误的发言就可能会搭上自己的性命，断送家族的前程。他不但学会了察言观色，也学会了隐藏自己的心思。对班固来说，获得长长久久的安定生活，才是最重要的。毕竟，他的《汉书》只有在安定的写作环境之中，才能诞生。

班固赶到的时候，看见贾逵、傅毅、杜矩、展隆、郗萌也都在列。明帝气色尚可，坐在堂中，身边立着太子。

诸人拜谒之后，明帝令太子与诸人入席，道："这云龙门建好之后，朕事务缠身，来这里的次数也是屈指可数。云龙门上，南宫尽在眼前，远望可见洛水汤汤，正是怀古的好地方。今日请兰台诸卿前来一叙，也算是雅事一桩。"

众人都称颂万岁。

明帝道："太子典雅好古，喜爱儒术，前日提出对秦亡汉兴之事有些疑惑不解之处，今日请众卿来，正好参详参详。"

众人齐声说："不敢。"

太子问道："秦勃兴于西土，百年经营，吞并六国，然二世而亡，何以崩落如此之快呢？"

郗萌移上前道："周代六百年，上承天运之火德。大汉袭尧帝火德，与周代如母子相继。然而五德相生相胜，子仁孝不能代母，故而大汉不能直接接过周的天命，只能借秦的水德来传递天命。水德尚刑，暴虐无常，不能长久。传递了天命之后，就要衰微。是以秦二世而亡，汉历十二世仍中兴不断。"

太子道："郎中所言有理。"

明帝道："贾谊曾有《过秦论》，其说颇得司马迁的赞赏。此文中的大义，可否请贾郎中为太子细细讲解？"

贾逵上前施礼而答道："先祖为文，在两百年之前，时远景迁，臣恐有不能解之处，今日勉力为之。秦并天下，十五年而崩亡。近看似乎败亡之迅，在意料之外，然远察其来历，则其速亡又在情理之中。秦王扫六合，本不全在武功。战国百年征战，早已民心思安。故而，秦军虽面对六国精锐之兵，仍然可以一统六合。嬴政暴虐，以严刑酷法治国，天下民心尽失。故而陈涉吴广，草莽之人，兵器不能与六国精锐之师相比，才能不堪与六国大将相论，却让秦朝灭亡，这是因为秦朝已经失掉了民心的缘故。秦二世即位的时候，人民都盼望他是一位明君，不再实施残酷的政策，能让人民安定生活。然而，秦二世不但没有减轻赋税与徭役，反而更加穷奢极欲。天下人民因而绝望，此时，秦朝的败亡已经无可挽回。及至秦王子婴，如果能够紧守函谷关不出，那么仍然可以据守关中之地为王。子婴孤立无亲，自处危境，又年轻而没有得力的人辅佐，却仍然让军队出关战斗。秦军的将领章邯背叛了秦朝，子婴最终身首异处。秦始皇一开始就施行了错误的暴政，却不肯改变。秦二世继承了这个错误，而且变本加厉。子婴也一直没有觉悟。秦的败亡，是难以避免的了。"

明帝又道："我看《始皇本纪》中，太史迁在赞语中全文引用了贾谊的《过秦论》，看来是很认同贾谊的说法了。"

太子道："如果按照贾谊和太史迁的说法，倒是子婴最终误了秦朝。不然，秦国也不至于宗庙绝嗣。可是我总觉得这说法哪里不妥当。"

明帝微微一哂道："太史迁的赞语，难道还有不对的地方吗？"

众人都默然不语。听明帝的口气，仿佛对司马迁的史评有不满意的地方。可是，对哪里不满意，为什么不满意，大家都猜不出个头绪来。虽然同在兰台校书，但是郗萌、展隆、贾逵擅长经学，杜矩、傅毅擅长文学，大家对秦亡汉兴的具体史实都知之甚少，此时哪敢作声。

明帝语气平淡地问道："诸卿都无话可说吗？"言毕，朝着班固的方向望去。

班固奉诏修撰《汉书》，如果连这个问题都不能回答，实在是说不过去。班固猜不透明帝的心思，只好实话实说道："一个人的精力有限，撰写史书的工作量十分巨大，文重思烦，太史迁书中有疏略之处、互相抵牾之处，都是难以避免的，所以，太史迁的赞语有错误，也不是不可能的。《始皇本纪》中，太史迁引用了贾谊的一句话道'向使子婴有庸主之才，仅得中佐，秦之社稷，未宜绝也'。这句话是不太准确的。"

明帝又微微一笑道："班郎中是本来就认为这句话有不对的地方，还是听了朕的话而开悟到这句话有不对的地方？"

班固答道："臣以前跟随先考读史书之时，就已经听闻先考讲到《始皇本纪》的错漏之处。"

明帝仿佛很有兴趣地问道:"哦?太史迁写下的皇皇巨著之中,竟然也有错漏,朕愿闻其详。"

班固施礼,答道:"嬴政十三岁亲政,经营二十余年,兼并天下。嬴政统一度量衡,书同文,车同轨,巡天下,封泰山,推行郡县制,制定《秦律》,后世之帝王沿袭不改。虽然秦有暴政,但得圣人之威,故得天下。始皇死后,胡亥继位。胡亥暴虐愚蠢到了极致的地步。骊山的皇陵还没有完工,又驱策百姓扩建阿房宫,置天下百姓于死地而无丝毫怜悯之心。面对大臣们的劝谏,胡亥竟然说:'对于拥有天下的人来说,最可贵的就是想干什么就干什么。'让人痛心啊!这还是人说的话吗?胡亥偏信赵高,诛杀可以安抚社稷的左右丞相李斯、冯去疾。即使对待宗亲也残酷至极,诛杀公子公主,骊山血流成河。胡亥这样的人登上了君主之位,就算关中形势再如何易守难攻,也要走向灭亡。赵高杀死胡亥,意欲自立为帝。然而群臣不肯,赵高只好找来宗室的远亲子婴来继承王位。

"一般情况下,身份低微的人一旦获得高位,往往得意忘形，不明所以，只想偷安度日，了却余生。然而子婴却不是这样。他知道赵高是大祸患，必须除掉。于是和儿子、近臣谋划，凭借数人之力，竟然将赵高诛杀。诛杀了赵高，子婴还没有来得及慰劳群臣，项羽的军队就已经攻入关中，高祖也屯军灞上了。此时，秦国的气数已尽。子婴顺应天命，带着符玺献给了高祖。贾谊和太史迁都说，即使太行山以东丧失了，如果子婴能有庸主的才能，仅仅得到中等才能的人辅佐，还是能够保全秦国本来的诸侯之地，宗庙之祀不至于断绝。这样的说法，就是指责子婴的才能在庸主之下了。

"但是其实不是这样的。子婴在位四十六天，就干了诛赵高的大事，他的才能绝对在庸主之上。章邯背叛秦而投降楚，不是因为子婴的缘故，而是因为胡亥要杀他，他迫于无奈才投降了敌人。秦衰败的迹象，在始皇时就已开始。到子婴即位的时候，天下已经土崩瓦解，就算有周公旦那样的能臣辅佐，也不可能挽回颓势。如今，把罪责推在一个末世孤君的身上，实在是错误的。臣每次读到子婴车裂赵高的这一段历史时，都会为他的决断感到震动，为他的志向感到惋惜。子婴无论生时还是死时，都没有做过什么错误的事。"

班固缓缓将话说完，云龙门上一片寂静。

所有人的思绪，都随着班固的话，重新回到了两百年前的那个时代，天地玄黄，旌旗飞展，战马嘶鸣，血河漂橹。败亡与勃兴，仿佛在一瞬之间，却又早有脉络可循。

太子道："受教了。原来竟是这样一段故事。"

明帝道："著史之人的笔，可是厉害呀。"

班固听得这样一句话，不觉浑身一凛。众人也都屏息凝神，不敢作声。

明帝又徐徐道："后世之人，都靠史书而窥见前事之一二。如若修史之人有心，那么周武王也可以残暴，商纣王也可以英武。子婴不就是这样的例子吗？本来是一个有政治才能的明君，却因为后世之人的一句评论而成了昏君，连庸主都算不上了。"

班固小心翼翼答道："太史迁写史书，虽然在大是大非的判断上与圣人有不一样的地方，但是他修史，不会隐藏古人的罪恶，也不会夸大古人的功业，还是称得上信史的。"

明帝道："司马迁著《太史公书》，成一家之言，名扬后世百年。但是因为他曾经深陷囹圄，又身遭刑罚，所以总是在行文之中微妙地讽刺讥诮，贬损当世的朝野之事。这样做，实在算不上恪守大义的人。都说汉武之时，文莫若司马迁，赋莫如司马相如。司马相如虽然行为放浪没有节制，而且以浮华之辞为文，对经国治世没有什么大用处。但他在病重之时，也不忘为君主尽忠，竭尽全力为武帝撰写了《封禅文》，颂扬了武帝的功德。《封禅文》流传后世，卒为典范之文。从尽忠的角度看，司马相如比司马迁强多了。"

明帝的话如同一根根小针，扎进了班固的每一个汗毛孔里。他只觉得万般痛苦，额头上沁出了密密的汗珠。

班固麻木地和众人一起高呼"万岁"。但是他知道，从现在这一刻起，不，从他十二年前进入德阳殿的那一刻起，一双眼睛就在一直盯着他了。只是那时候，他浑然未觉。

班固看着自己撑在地上的一双手，越看越模

班固麻木地和众人一起高呼"万岁"。但是他知道，从他十二年前
进入德阳殿的那一刻起，一双眼睛就在一直盯着他了。

糊。四面八方涌来了无数条透明的绳索，紧紧绑缚在他的手上。这双手，是他的，也不是他的了。

班固终于明白了今天圣上召见的真意，《汉书》是明帝的《汉书》，是大汉的《汉书》，而不是班彪班固的《汉书》。

勒铭燕然

　　匈奴，一直是大汉帝国北疆的强邻。

　　张骞出使西域以来，大汉逐渐控制了西域诸国。匈奴与大汉对峙的前线，从代郡绵延至玉门关。汉成帝时，王昭君出塞和亲，匈奴与汉朝迎来了几十年的和平。随着王莽执政，汉匈的和平摇摇欲坠。王莽尊汉贬戎，以上国姿态自居，屡屡干涉匈奴内政，导致匈奴与汉朝关系决裂。王莽死后，中国陷入内乱，匈奴势力进一步扩张，重新掌控了西域诸国。汉光武帝建立东汉之后，殷勤经营北疆，抵抗了匈奴的南进。但是在西部边陲抵抗匈奴压力的，则是窦融家族。

　　如同班氏家族起于北边代郡一般，窦氏家族累世在河西地区经营。在王莽新朝灭亡至汉光武帝刘秀站稳脚跟之前，窦融是河西割据势力公推的首领，名为"河西五郡大将军"。班固的父亲班彪就在窦融麾下效力。班彪研究中原的形势，劝谏窦融归顺光武帝刘秀，窦融信服。归顺之后，光武帝果然十分感念窦融的义气，将自己两个心爱的女儿嫁给窦融的儿子窦穆和侄子窦固。其中，嫁给窦固的那位公主还是皇后阴丽华的亲生女儿，汉明帝的亲姐妹。窦氏一族，由此极尽荣宠。

建武二十六年（50），匈奴内乱，分裂为南北匈奴。南匈奴的单于比，向汉朝归顺，愿意与大汉合力抵抗北匈奴。汉朝北线由此而迎来了一个和平期。而同时，窦氏作为外戚，势力却不断扩张。承平年代，军勋之家往往盛极必衰。永平五年（62），窦穆因假造阴太后诏书谋取私利，被罢免官职。同年，窦融病死。几年后，窦穆等人再次被指控，直系子孙被诛杀，窦氏从此一蹶不振。窦固因为公主的庇护，得以保全性命，只是被禁足在家，再无实权。班固被人告发私修国史，也是在永平五年，其中千丝万缕的联系，尽在不言中。有时候，人们总觉得自己有权选择自己的人生。然而在官宦世家，"有权选择自己的人生"这样的信念，可能只是一种错觉。他们的荣辱成败，在出生的那一刻起，就被安置在了同一盘棋局之中。

无论班氏兄弟如何在宦海中挣扎，他们的人生，从来都没有逃离窦家势力的无形之网。

永元元年（89），班固在书房中，整理简册，向班昭一一交代："为兄离开京都的这段日子，还要劳烦妹妹帮忙誊写这些文稿。"

班昭道："能为兄长聊尽绵薄之力，是妹妹的荣幸。然而兄长毕竟不年轻了，真的要亲自跟随窦宪将军前去塞外吗？二兄长一去边塞，十几年都未曾回来过，如今兄长又要出塞……"

班固叹道："是啊，仲升已经离家十六年了。不知如今是何样貌了。"

早在永平十五年（72），云台二十八将之一耿弇的侄子耿秉上书汉明帝，认为对匈奴不能一味忍让，任其扰边，而应当"以战去战"，发动主动攻击。汉明帝虽然同意耿秉的意见，但又怕年轻人意气用事，在沙场上横行无忌，折损兵力，于是起用已经被软禁十年的窦固，任命其为奉车都尉，负责主持西线攻击北匈奴的军事任务。班超那时在家中为官府抄写文书为生，收入菲薄不说，也看不到前途。当他得知窦固重新受到重用之后，决心去塞外的广阔天地中实现男儿郎的抱负。班固知道弟弟从小有任侠之风，觉得让他去立些军功也是好的。窦固见旧识班超来投戎，很是高兴。虽然班超从未上过沙场，但是窦固对这个年轻人很有信心，不但授予他假司马的官职，更给他一支小分队，让他独行塞外，去招降西域诸国。班超斩杀北匈奴使者、招降鄯善于阗的喜讯传来洛阳时的情景，班固觉得还犹在眼前。可是，他竟未曾想过，这胜利换来的竟是兄弟二人天涯两端的十六年。

班固叹道："我已近耳顺之年。多年来，仲升每次告休，朝廷总是不许。岁月无情，此番车骑将军窦宪要北伐匈奴，我随从而去，或许能见到仲升，也未可知。"

几年前，班昭因为儿子选入太学而寄宿在兄长家，一边帮助兄长整理书稿，一边就近照顾儿子的起居。想到二兄长班超久在塞外，兄妹动如参与商，也不禁黯然。

正在说话间，家仆来报说，北宫卫士令贾逵来访。

贾逵见了班固，也没有什么废话："孟坚兄一定要随窦将军北伐匈奴吗？"

班固应对道："此事固思虑良久，已经下定决心了。"

贾逵道："先帝在时，对窦将军多有限制，孟坚兄应该明白其中缘由吧？"

班固沉吟片刻道："窦将军性子急躁，行事果敢，对皇家和朝臣都多有冲撞，先帝顾忌也是很有道理的。"

贾逵道："有人说孟坚兄攀附权贵，以窦氏马首是瞻。逵不才，与孟坚兄同窗同僚多年，深知孟坚兄品性，料想绝非如此。"

班固心中郁郁，缓缓道："先帝即位之初，忌惮马氏而倚重窦氏，后来又忌惮窦氏而倚重他姓。固虽然驽钝，也能看出一二。"

贾逵道："孟坚兄通今博古，看兴衰成败当比我等更加清楚。窦氏骄纵，如今又闯下大祸。朝野之中，已是议论纷纷。窦将军名为出征，实为赎罪。孟坚兄也不年轻了。往后岁月，埋首书斋之中，完成《汉书》宏作，不也是彪炳千秋的大业吗？何必追求军功？"

贾逵的直言直语，犹如一把匕首，直刺班固的胸膛。

自从窦皇后得势以来，窦宪骄纵非常。虽然先帝多方钳制，然而窦氏一直在蓄力把控朝纲。先帝时，班固刻意与窦氏保持距离，深怕卷入外戚的争斗之中。然而即便如此，先帝也一直将他看作窦氏一党，并不重用。先帝起用贾逵为北宫卫士令，就是因为贾逵既不是马氏一党，也不是窦氏一党。先帝将贾逵任用为心腹，守卫宫掖，临终时，也嘱咐他扶持幼帝。班固知道，自己难以如同贾逵一般，超脱在外戚党争之外。先帝去世，窦皇后贵为太后，窦宪更加肆无忌惮，竟然在内廷之中，击杀宗室都乡侯刘畅。太后震怒，要幽闭窦宪于宫中。恰逢南匈奴来请兵共击北匈奴，窦宪自请北伐，若生，则将功赎罪，若死，则命付沙场。

班固道："景伯兄所言甚是。军勋并非在下所欲。舍弟镇守西域，关山相隔十余年，固心中常存念想。班氏起于边塞，男儿心中有沙场捐躯的任侠之风。固虽驽钝非常，却也希冀在有生之年可以一见塞外风光，方谓不虚此生。此去北伐，果有凶险，虽死不辞。"

贾逵叹道："大丈夫何患舍命于沙场？逵忧心的，乃是孟坚兄百年后的清誉。如果孟坚兄心意已决，逵不敢多言。逵不谙世事，言语轻陋，还望孟坚兄海涵。"

班固连忙拱手道："景伯兄品性高洁，为人耿直。所言发自肺腑，所虑切中要害。拳拳之心，固感念万分，怎敢轻忽？"

贾逵叹道："今上年幼，来日多艰。孟坚兄日后如有余力，还望念着先帝的旧情。逵就此送别孟坚兄，惟愿兄此去平安，凯旋而还。"

班固突然觉得眼眶一热，拱手道："日久方见人心。多谢景伯兄相送。"

初夏，是草原最肥美的时节。绿意盎然，万畜勃兴。这次出征，南匈奴为主力，联合了羌胡和乌桓的军队，延请汉室为大军的宗主，誓要枭首北匈奴单于，重回龙城。邓鸿率领边境地区的羌胡八千骑兵、南匈奴左贤王率一万南匈奴骑兵，从稠阳塞出发，进攻东路。南匈奴单于屯屠何率领一万多名骑兵从满夷谷出发，主攻中路。窦宪率领四千骑兵、耿秉率领四千骑兵、南匈奴左谷蠡王率一万骑兵，从鸡鹿塞出发，进攻西路。三路大军对北匈奴形成包围之势。

　　班固进入窦宪幕府之后，遇到了傅毅和崔骃，才知二人也将一起北伐。军至塞上，窦宪招来幕府众人宴饮。酒至酣处，他面有得色道："诸君，贵重之人，品秩皆比及二千石。今日北伐匈奴，乃开朝以来的盛举。某不才，但也有几分胜算在胸。定当让在座诸位军勋加身，爵隆日盛。"掾属们纷纷进酒，颂扬窦宪的功业，一时之间，阿谀之词溢帐而出。崔骃在幕府中年纪最小，此时说了几句不同于旁人的话："安丰侯（即窦融）辅佐先帝，声名显赫，内心怀有忠诚，因此有稳固的地位；对外尊崇法度，时时自我约束，所以终身享有封国之福。谦谨，是《周易》都要赞扬的美德，满溢，是道家都要戒备的忧患。所以君子福禄越大，恐惧就越大；爵位越高，态度就越谨慎。身居高位，更要审视自己的行为。功名利禄，也并非都是福祉。"

众人听了，不免尴尬。窦宪哈哈笑道："崔主薄所言甚是。先帝在时，就曾夸崔主薄清静无为，典雅无双。有崔主薄在身边，窦某才能少犯错误。甚好，甚好。"

于是宴饮的气氛又活跃起来，大家载笑载言，尽兴而归。

塞外的营地中，夜是极为静谧的。帐篷外噼里啪啦的篝火声，传入班固的耳朵。班固卧在榻上，肢体极无力，而神志却极清明。他一时不知自己是梦是醒。一个低沉的声音在耳边回旋："班孟坚，你当真不欲立军功？你的弟弟班超已经是将兵长史，名震西域。你蹉跎兰台二十年，仍是区区兰台令。你难道不想通过得到军勋加官晋爵？"

这声音就像利刃，仿佛把内心剖开，然而班固却不敢看向心中深处那隐秘的角落。那里藏着凡夫俗子最本初的欲望。

三路大军很快就在涿邪山汇合。

稍事休整后，窦宪派出阎盘、耿夔、耿谭带领一万多名南匈奴骑兵东进，在稽落山与北匈奴单于主部交战。

这次交战，班固并未亲见，但听闻血染山河。

北匈奴单于节节败退，窦宪和耿秉率领的汉匈联军穷追不舍，直到私渠比鞮海。北匈奴单于不敌，丢下了八十一个部落，带着近卫逃走了，消失在连绵起伏的燕然山脉之中。

这是东汉的军人们第一次踏上匈奴的腹地。

"吾辈脚下何地？"窦宪振臂，扬声大呼。

"燕然！燕然！"将士们高亢雄浑的阳刚之声响起，震荡开来，撞击着山石，回旋在草原的上空。

窦宪哈哈大笑道："正是！"

窦宪的双眼中，仿佛有火焰要喷薄而出。他高举手臂，满面通红，虬髯颤动，仿佛平复了一下心情之后，又高声道："这里是大漠的尽头！极地的入口！向东看，那隐约可见、绵延不绝的山是什么山？是狼居胥山，是霍去病踏马而过的地方。将士们！你们今天获得的军功，是前朝战神冠军侯获得的军功。你们今天的荣耀，是大汉立国以来最高的荣耀!"

草原之上的联军登时变为欢呼的海洋。

窦宪转向班固、傅毅等人道:"班将军、傅司马,诸君须将今日的荣耀写下来。我要效法霍去病,封燕然山。写得好的那一篇,我将命人刻在那面山崖之上!镂于金石,琢于盘盂,让后世子孙知之。今日的丰功伟绩,会与这燕然山一起,伫立在大漠之涯,流传千秋万世!"

班固被浪潮般的喜悦和欢呼冲击,脑中竟然一片空白。他许久才将窦宪半嘶吼半命令的话理解清楚。他身旁的傅毅也是反常地安静。两人一时之间,都没有什么反应。窦宪只道是读书人没有见过军功世面,想是被这排山倒海的气势震慑住了,倒也不以为意。

须臾,傅毅一阵激烈的咳嗽之后,声音喑哑地问道:"这燕然山的后面是什么?"

虽是初秋,燕然山顶依旧有白雪皑皑。燕然山很高,绵延至西天而去。草原的风扬起班固的发须。班固从来没有想过,自己有一天,竟然能够踏过匈奴的王庭,来到大漠的尽头。燕然山并不高耸，却也已入天。它仿佛一座横亘在天地之间的大门，封闭了班固对门后世界的所有想象。

"听说，燕然山的后面就是极北之地。"班固有点迟疑地答道。

"是一个汉人难以知道的世界，是吗？"傅毅低声问。

班固不知道如何回答。

当沸腾的人声逐渐平静，军队扎营安寨、架锅做饭的声音响起。班固才回过神来。他一边想着自己刚刚打的腹稿，一边打算去寻自己的营帐。恰在班固即将举步之时，傅毅又问道："大将军要把封山铭文刻在哪里？"

班固循着记忆中窦宪指过的方向，找到了一片巨大的山崖。这片山崖远离燕然主山脉，是一条绵延至草原深处的支脉。它仿佛巨海惊涛中被急冻的浪头，又仿佛刑天神斧斩断的神龙残躯，就那样昂然地伫立在草原之上。不知何时站在那里，也不知何时才会消弭无形。它只是站在那里，临视着茫茫草原，无言地抗拒着时间的洪流。傅毅在班固的指引下，看了许久，道："宇宙洪荒，不过如

傅毅在班固的指引下，看了许久，道："宇宙洪荒，不过如此吧。"

此吧。"

班固道："封山铭文怕是要写得言简意赅些。否则刻工凿石之时，要过于辛苦。"

傅毅低低笑了一声。他因肺部积病多日，笑声从胸腔中传出时更显低闷："若是早些来到这里，我过去的人生恐怕能少些徒劳。在这悠悠天地之间，华丽的文藻何其苍白无力！那片巨石之上，刻上的是《尚书·汤誓》还是洛阳城里小儿的谣谚，并没有什么大的区别吧。只要有汉人的文字刻在上面，便就是千古功业。回想往日种种，竟是我自己眼界过于狭隘了。班将军，铭文的事，劳烦了。傅某身体抱恙，难堪其负。"

班固一时之间，竟无言以对。这许多年来，傅毅一直在文章上与他较劲，欲争高低。此时突然这番说话，实在出乎班固的意料。不过，傅毅的心情，班固却十分理解。因为他自己也被这大漠尽头的景色深深震撼。他突然理解了弟弟班超，为什么经历了如此多的困厄，也没有离开西域。因为，在这样的天地之间，才会真真切切感受到自我的存在，而看破功名的虚无。鼓舞人心的，并非来日的荣华富贵，而是眼下立于天地的真实。

　　班固回到营帐，回想着一路而来的腥风血雨，他并没有感受到胜利的狂喜，相反，他的脑海中是战士们的厮杀声，是匈奴的马鸣声，是洛阳的朝霞，是大漠的日落。他的心渐渐沉静，他的笔慢慢沉稳。战是为了止战，用武是为了再不用武。封山铭文在灯火摇曳中慢慢成形。

　　傅毅果然称病，没有拿出封山铭文。班固的铭文毫无疑义地被采用，刻在了燕然山上。

史魂绝命

静谧的月光照在巍峨的宫墙上，闪烁着冰冷的光。高大广阔的宫殿摇曳着灯火，却安静得仿佛无人之境。

哒，哒，哒，压抑的击窗的声音，不紧不慢地一下一下地响起。

屋里的少年噌地一下从床上坐了起来，他悄悄来到窗前，听了一会儿动静，问道："谁?"

"喵。"窗外传来一声轻轻的小猫叫，学得不太像，一听就不是真的小猫，少年叹了口气。

他推开窗，窗外也立着一个少年。那少年一见窗开了，马上扒着窗户栏杆，身手敏捷地翻进了屋。屋里的少年则迅速地合上了窗。

"没人发现你来吧？"

"应该没有。我从值宿的地方来，一路没发现有人。"

"好。带来了吗？"

"带来了，带来了。这是千乘王（千乘王刘伉，和帝刘肇的大哥）那里要来的。他宝贝得不行，一直吩咐我别弄坏了。"

少年着急地接过一沓缣帛，翻找起来。

"圣上，圣上，您慢点，您慢点。"翻窗的少年看着脆弱的缣帛在少年的掌风中翻腾，想着千乘王严肃的脸，一阵阵心悸。

"刘庆，你闭嘴！怕别人听不见吗？"

翻了半天，少年和帝的手一顿："《外戚传》，有这么多吗？"

刘庆答道："正是。千乘王说，写《外戚传》的是中郎将班固，他记史事非常详细。"

和帝坐在地上看了一会儿，说："刘庆，你最近好好读书了吗？"

刘庆说："那当然了，我读书一向很认真的。"

"那好，"和帝说，"朕累了。这上面的事情，你给朕读一读，讲一讲。"

"我，我……"刘庆一听，急得直瞪眼，最后只好承认："我看过了，但是看不太懂。"

和帝怒道："废物！"

刘庆噘着嘴，很委屈地说："我才读了几年书？千乘王说他也没有看得太懂。"

和帝气闷地斥道："都是废物！"

刘庆尴尬了一会儿，又问道："圣上为什么要读这个？"

和帝坐在地上，沮丧地说："不读这个，朕就要死在太后手里了。"

刘庆大惊道："怎么会？太后是圣上的母亲啊。"

"不是亲生的。"和帝淡淡说，"太后在朕身边安置的全是耳目，朕不过是个傀儡。他们满意了就让朕活着，不满意了，就想杀了朕。太后的哥哥窦宪，征伐匈奴有功，已经权倾朝野了。现在窦宪说什么，大臣们都会附和。如今，窦宪的心腹郭璜，频繁出入太后寝宫。他们竟然谋划杀掉朕！杀掉朕再立一个新皇帝！"

"这，这，这怎么办。"刘庆吓得说话都不利落了。

"朕听说，窦家在前朝就是外戚，后来被武帝打压了。朕想知道，武帝是怎么做到的，又怕太后的耳目发现，所以才让你去找兄长借书。书是借来了，可是朕却看不太明白……"和帝的声音中已经带有哽咽之声了。

刘庆一个骨碌爬起来，跪到和帝身边说："圣上，咱们一起看。看不懂的，我就拿回家去问师傅们，一定能读明白的！"

和帝看着刘庆充满了信心的脸，重重点了点头。于是，两个少年，在幽暗的深宫里，仔细地读着班固写的《外戚传》。史书，记录了史事，也记录了人性和智慧。它告诉后人，历史的车轮本没有方向，是在各方势力的角逐与合力之下，或快或慢地奔向远方。少年和帝，如同飘浮在汪洋中的一叶小舟，孤独而无助。纵然从小在宫里长大，一草一木都分外熟悉，但他却对纵横交错的雕梁画栋有一种没来由的恐惧，仿佛它们下一刻就会化为巨浪，将他吞噬。虽然未经世事，但少年和帝深深知道"前车之鉴，后事之师"的道理。在这生死关头，他坚信，自己能从史书里，能从祖宗们的故事里，找到他想要的答案。

这个夜里发生的小事仿佛汪洋中的一片小浪花，它悄无声息地酝酿，积攒着力量，终于在一年多后，变成了巨大的风浪，裹挟着东汉朝廷这艘巨轮在历史的汪洋中转变了航向。

永元四年（92），窦宪从凉州班师回朝，队伍到了洛阳城外，百姓们都去围观，场面好生热闹。

班府中，班固还在整理书稿。一旁帮忙的班昭问道："兄长，今日窦大将军回朝，已经到了洛阳郊外。听说圣上特意下诏让大鸿胪持着使节去迎接，好多官员都去迎接了，兄长不去吗？"

班固写字的手只停顿了一下，又继续抄录了："不去啦！窦氏如今权倾朝野，满门富贵，攀附他们的人数以万计。这世上，多的是锦上添花。我一个小小的文官，去不去，他们也不会放在眼里。倒是我时日无多，能多写一点《汉书》的篇章总是好的。再者，明日窦大将军入朝，百官都要前去朝会，那时自然也就见着了。"

班昭点点头道："也是。兄长身体微恙，不宜远行，还是明日朝会上见合适些。"

第二日，班固一早起来，整装准备入朝。班昭照常早起，准备去书房开始一天的工作。她见班固走路略有蹒跚，便去搀扶，送班固直到大门外。

伺候的仆人却匆匆来报告："老爷，今日情况有些异样。"

班固心里一惊，问道："如何异样？"

"平日里这个时候，各位官老爷们都带着仆从入朝了，大街上人来人往，车水马龙。可是今日，我看见好多折返的车辆，便去打听了一下。他们说军队将南宫、北宫围了个水泄不通，城门紧闭，谁也不让经过。有人问朝会的事，将士们也都闭口不答，神情很是吓人，各位官老爷们现在都回府了。"

班昭听了，不由得紧张道："兄长，这怕是……"

班固用手制止班昭再说下去，他急忙转身，朝书房走去。班昭搀扶着他，也加快了步伐。

屏退左右，兄妹二人在书房中轻声交谈起来。

"兄长，今日这情景，怕是宫里有变故啊。昨日窦大将军回朝，今日就宫门紧闭。难道是紫微宫有变……"

"我最担心的莫过于此。窦氏作为外戚，纵横朝廷内外，可谓翻云覆雨。可是如果走到了谋逆这一步，万万不能善终。只是朝廷动荡，百姓又要受苦啊。"

"窦氏已经一人之下万人之上，又何苦步步紧逼呢？"班昭疑惑道。

"窦氏与马氏不同。窦氏与马氏，虽然都因军功而封侯，马氏却极重诗礼传家。伏波将军持家甚严，一向不许子弟沾染纨绔之风。窦氏家教放纵，从不懂得韬光养晦，收敛锋芒。一旦得志，便嚣张跋扈。窦氏恃宠而骄，就连皇家都不放在眼里。欲望没有尽头，灾祸就要降临了。当今圣上虽然年少，但聪颖睿智，气度沉静，实为圣君之貌。今日内廷之中，胜败犹未可知啊。"

"兄长的意思是，圣上已有防备，而窦氏可能败落？"

"这世上，哪儿有长盛不衰的外戚？你熟读前朝史料，应该知道'谦受益，满招损'的道理。权势的增加，初看是好事，但超过了限制，就变成了祸患的源头。盛极而衰，说的就是这个道理。"

"如果窦家倒了，兄长会不会……会不会受到牵连？"班昭犹疑地问道。

"我与窦家的关系，也没有多么紧密。然而在朝中为官，即便不加入一派，也会被别的党流当做敌人。我随窦将军出征是事实，因此而受封也是事实，这些被拿来当做窦氏一党的凭据，也算足够了。可悲啊，我班氏一直以来都希望逃离外戚党争的政治漩涡，然而世事无常，最后还是难以置身事外。这到底是谁的过错呢？今日，既然已经将话说到这里，我也想对你将身后之事做个交代。"

班昭着急道："兄长怎么说这样的话？二兄长还没有回来，兄长怎么能说这样的话！"说着，竟然哽咽了。

班固轻轻拍了拍班昭的手，道："人固有一死，何须避讳。我跟着窦将军北征匈奴，就是盼望能见超弟一面。谁知突生变故，仅余百里，也只能遥遥相望啊。天命难道早有定数？我与超弟，要么就命该相逢于京师，要么就命该此生无缘再见。"

班昭早已涕泪涟涟："二兄长远在西域，每日生活在虎狼之中，回中原的日子渺然无期。兄长今日又说这样的话，叫我怎么办？"

班固如鲠在喉，叹口气道："我也不愿说起这些，无端引你伤心。现在无非是做些最坏的打算，有个交代而已。我们班氏一族，也算有家风传世。超弟如今在西域的一番作为，算得上彪炳千古，父亲若是泉下有知，定当万分欣慰。只是我应承父亲所托，要写完《汉书》，直到今日还没有了结。如果下了九泉，我难有面目去见父亲啊！本来想着，剩下的工作已经不多，勉力为之，三年之内也必定可以完成。可是如今窦氏招致祸患，前路难卜，如果为兄有了三长两短，还要烦请妹妹将我没有编完的篇章编写完毕，让《汉书》得以完备。那么，妹妹你就算是对兄长有莫大的恩德了。"

"为兄长排忧解难，是我分内之事。只是我才疏学浅，怎么能胜任续写的工作？"班昭一边擦泪一边说。

"妹妹不必太谦虚。你从小就喜欢姑祖母的故事，以读书为乐，学问一向很好，为兄对你有信心。目前为止，我已经写完了本纪和列传，只有《天文志》和八篇表，没有写完。我为八表编辑资料的时候，你出力很多，对于体例和史料，都已经十分熟稔，所以完成这些工作对你来说并不算难事。只是我编写的时间过于长久，有些稿子存在家中，有些稿子则在兰台之中。我如果有了万一，还得请你费心奏达天听，准你将我在兰台中的文稿取回，方才能够编完全书啊。记下了吗？"

班昭一边啜泣，一边点头，将兄长的话牢牢记在了心里。

"超弟远在西域，只有我在朝为官。如果我遭遇牢狱之灾，班家岌岌可危。妹妹你虽为妇人，但是胆识过人。守护班家就靠你了。"

"我一个妇人，既不认识朝官，又不与能吏交往，我能做什么呢？"

"左中郎将贾逵是我的故交。因为他性格清冷，不愿与人应酬，总是闭门读书，所以超然在各家外戚的势力之外。先帝忌惮外戚掌控禁军，当年力排众议，任用贾逵为卫士令，掌管南宫、北宫的警卫。十几年来他一直尽职尽责，如今，他升迁为左中郎将，依旧掌管宫内宿卫。如果我遭遇祸难，没有可以申述的通路。你便写信给他，希望他能念在旧日的情分上，为我们班家说几句公道话。"

"既然贾将军是天子身边的人，兄长现在请他庇护，岂不是能安稳度过这番风雨？"班昭突然心怀希望。

班固缓缓摇摇手道："贾逵曾劝我不要加入窦宪的幕府。我因为想去西域与超弟会面，没有听从他的建议。如今祸乱将起便贸然前去请求庇护，不是小人行径了吗？而且贾逵性情清冷，雪中送炭的事情倒还会做，如果让他为旧交徇私，怕是太难为他了。我这副身骨，有什么不测也不可惜。我只是有点担心超弟。超弟在西域，外有虎狼之师，内有小人猜忌，种种情形也是如履薄冰。用兵施政稍有差池，就会引来杀身之祸。我如果有不测，你千万要瞒住消息，不要告知他详情，免得他气急之下，做出什么莽撞之事来。超弟远在万里之外，倒是不必担心朝中的倾轧之事。你要嘱咐他，不要与外戚之家有任何的牵扯，一心为天子办事就行了。如此这般，才能在日后求得身家安宁。妹妹，切记。"

班昭涕泗流涟道："我知道了。"

第三日，宫里便传来了消息。郭璜兄弟及邓叠等人密谋刺杀皇帝，已经被羽林军拿下，羁押在洛阳狱死牢中，死刑在即。窦氏一族有谋逆的重罪，都被软禁在府中，等候皇帝发落。官衙的人已经开始在京城内四处抓捕窦氏同党。一时之间，京城之中人心惶惶。

班固每日都身穿朝服在书房中抄抄写写。他已经是垂垂老者，时日本就无多。突来的事故，又让人生最后的旅程变得摇摆不定。班固想，眼下的每一瞬，都是珍贵的。只要他还能摸着书和笔，只要他的胸中还有那些字和句，那么他腔子里的这口气就是温热的，他的人生就还有意义。子路说：君子死，冠不免。君子在任何时候穿戴举止都应该符合礼法。或许，灾难马上就要降临，但是君子的礼法不能丢掉。他既然是朝廷的命官，那么也应当穿着官服去面对朝堂之上的风雨。

阳光还没有爬上日晷的午刻，班固就听到前庭传来了喧闹声，有人在呼喝，有人在哀求，有人在叫骂，有人在惊呼。

班昭推开书册，站起身道："我去看看。"

班固点了点头。

班昭刚刚推开书房的门，一小队人就冲了进来。

"我们是洛阳县尉治下，受命抓捕罪人班固！"

"我家兄长何罪之有？你们有什么凭证？！"班昭看着来人，怒火中烧。

一个小吏上前，似笑非笑地说道："我们只是奉命行事。上司说班固有罪，小人们哪儿有质疑的道理？贵人有理，自可面圣说去。"

班家的家丁闻讯也已经赶来，将书房团团围住。

小吏回头看了一眼，神色有点不自然，勉强道："贵人何必为难小人们？明日我们再来，可就不是今天这个阵仗了。"

班昭回嘴道："那不妨明日我们见见是什么样的阵仗。"

班固站起身来，摆摆手，让管家带着家丁退下，上前对小吏说："我随你们去吧。"

小吏没想到班固竟会如此淡然，不觉呆了片刻。随后也客气地拱手道："请贵人随我们走一趟吧。"

班固缓缓举步而行，班昭不舍地拉住他的衣袖。班固转身拍了拍班昭的手，道："记住我对你说过的话。"然后便头也不回地走了。

班固生平第二次坐在了监狱之中。

监狱之中依旧光线昏暗。没有了光，人就会变得恍惚。

这一次，班固有一种轻松。想到该交代的事情已经交代了，他心中竟然没有了恐惧和不安。

朦朦胧胧之中，忽然听闻有人朗声道："中郎将别来无恙啊！"

班固迎声望去，来人身形平平，逆光而立，一时之间分辨不出面貌来。

班固迟疑道："敢问是哪位贵人？"

来人嘿嘿一笑，又上前了几步道："中郎将果然贵人多忘事。在下种兢。"

原来是洛阳令。班固连忙起身作揖道："种令君有礼。"

种兢嘿嘿一笑，不冷不热道："种某不敢受中郎将的拜礼啊！"

班固缓缓举步而行，班昭不舍地拉住他的衣袖。

班固听了，心下一惊，连忙回忆自己是否曾经与这位洛阳令有什么过节，细细想了一遍，竟然毫无印象。

种兢见班固这副茫然的样子，冷冷笑道："班将军何曾将我们这些小人物放在眼里。逆贼窦宪只手遮天，权倾朝野。班将军比附逆贼窦氏，在洛阳城里也是呼风唤雨啊。就连班将军府上的奴婢，在洛阳城都可以横行无忌了。小小一个家奴，喝醉了酒，在洛阳的大街上公然冲撞洛阳令的车队，不但不赔罪，反而高声辱骂官员。家奴尚且如此，班家子弟怎样作威作福，种某也不必多说了吧！"

班固这才明白，原来这祸端早就埋下了。他随窦宪出征匈奴，离开洛阳将近三年，家里的事情难以知晓。儿子、侄子们与邓家、郭家子弟多有交往，他也少有过问。他们恐怕是学了外戚子弟的诸多恶习。自己回到洛阳之后，忙于整理史料，写定《汉书》，埋头书斋，把家里大小事务都托付给了夫人和儿子们。从种兢的话中，大抵可以推断出自己家对家奴的管束恐怕已经是十分松弛了。

班固道："班某已无实职，何来呼风唤雨之

说？班家没有管好家奴，自然有过失。但我自问为官时廉洁，行事循规蹈矩，未曾有不忠不敬之处。难道令君您要因为私人恩怨加罪班某吗？"

种兢冷笑一声，说道："窦宪辜负太后和圣上的隆恩，竟然阴谋悖逆之事。如今，郭璜、邓叠已经伏法。圣上有诏，搜捕窦氏逆党，勿有遗漏！班将军随窦宪征伐匈奴，秉笔执策。机要往来都要经过班将军之手，说是窦氏一党，不为过吧。"

班固答道："随窦将军北征匈奴，班某受命于天子。所行之事，均为公职所需。班某与窦将军同朝为官，交往之中都是公事，从未有逾矩的言谈和行为。况且，自从战事结束，班某回到洛阳之后，与窦将军罕有联系，结党营私、大逆不道的罪名班某不敢领。"

种兢道："哦，是吗？在下怕班将军贵人多忘事，不如让主事的小吏们，帮您回忆回忆吧。"

说罢，种兢便趾高气扬地离开了。

班固刚刚随洛阳县尉的人离开，班昭就赶忙写了一封书信给贾逵。信中班昭为兄长辩白，并请求贾逵危难中施以援手。

书信送出去了。班昭却坐立难安。她苦苦等待着回音。太阳落下又升起，升起又落下。班昭从来没有发现，原来时间的流逝可以这样地慢。

当太阳几次升落之后，宫里来了消息。贾逵给班昭送信说，禁军奉了天子的手谕去洛阳狱提人，她可以一同前往。

当禁军抬出班固血污的尸体时，班昭痛哭不已，难以自持，摔倒在洛阳狱的门前。

安抚嫂子，训诫子侄，安葬兄长，事情繁琐不堪。班昭一样一样熬了过来。她还记得，要给二兄长班超写信。她不敢提起细节，只能简单而悲痛地告知兄长身殁的消息，又将兄长临终前嘱咐班超不要与外戚之家有牵连的话，重重强调了一番。

兄长不在了，继续编纂《汉书》的工作还要继续。她请贾逵转交给天子一封奏书。奏书中她卑微地请求天子，让她进入兰台，将兄长的《汉书》书稿收拾回来，继续完成未竟的工作。

没过多久，宫里传讯，请班昭进宫面圣。

因为班昭是女眷，所以，是在南宫后殿的小暖阁见的皇帝，旁边没有什么人，除了小黄门之外，只有贾逵和另外两个少年。

班昭第一次见天子，见天子十三四岁而已，身形还未完全长成，面目清秀，眉宇之间透着一股冷峻之气，一看就知他心思缜密，胸有城府。

和帝轻缓地说："这就是曹班氏吗？"

班昭叩首道："民女正是。"

和帝诚挚地说道："朕得到贾将军的消息，就赶紧派人去了，没想到还是晚了。这些狱吏残酷成性，实在可恶。朕已经将洛阳狱令治了死罪，希望能安慰班将军在天之灵。"

班昭答道："天子圣明，乃是万民之福。家兄之事竟让圣上劳神，民女死罪。"

和帝继续说道："班将军的《汉书》写得很好，朕是看过的。没想到快要完工的时候，竟然出了这样的事情，真是无常。好在你还能继续完成班将军的工作，也算是汉家的幸事。"

班昭惴惴地答道："民女才疏学浅，不及兄长之万一。然定当竭尽所能，让《汉书》百篇得以完备。"

和帝又很诚挚地说："眼下还有一件为难事，

要您出力。"

班昭伏地答道："能为天子排忧，民女万死而
不辞。"

和帝停顿了一下说："班将军的《汉书》是极
好的。班将军学问又好，求实求真，非通儒不能
读。朕命兰台令们读其中篇章，竟然没有一人能通
解。所以，还请您带个学生，教他通读《汉书》，
务必做到达诂，也就是说，知道每个字的意思。朕
这里有一个还算合适的人选，就是马将军的儿子马
融。他是朕的伴读中最聪明的一个了。以后让他跟
着您学，可以吗？"

班昭没有想到，天子竟然对兄长的《汉书》如
此重视，她欣喜地答道："民女定当竭尽心力，不
负陛下所托。"

班固去世了，《汉书》的故事却没有完。由于
汉和帝的重视，《汉书》在班彪父子故去之后，仍
然得以继续修纂。班昭用了二十年的时间，利用
皇家藏书补写完成了《汉书》的"八表"，即《诸
侯王表》《异姓诸侯王表》《王子侯表》《高惠高后
文功臣表》《景武昭宣元成功臣表》《外戚恩泽侯

表》《百官公卿表》《古今人表》。班昭同时还补写了《天文志》，然而直到去世，也未定稿。班昭卒后，马融的弟弟马续，最后补完了《天文志》。班昭曾教导过的马融，后来成为东汉著名的经学家，他贯通五经，参与编写《东观汉记》，弟子众多。《汉书》也借由班家三杰及马融的传布，而在当世获得盛名。

班固
生平简表

●◎汉光武帝建武八年（32）

___

班固出生。是年，其父班彪二十九岁，为河西大将军窦融从事。东汉光武帝刘秀会合窦融击败隗嚣，隗嚣奔逃西域。

●◎建武十二年（36）

___

随父班彪东归洛阳。

●◎建武十四年（38）

___

承袭家学，在家随父读书。班彪因病辞去徐州令职务。

●◎建武十五年（39）

在家诵读。父班彪北征。

●◎建武二十三年（47）

是年十六岁，入洛阳太学。与崔骃、李育、傅毅、孔僖为同学。父班彪入大司徒玉况幕府任职。

●◎汉明帝永平元年（58）

继承父业，纂修《汉书》。

●◎永平五年（62）

在家纂修《汉书》。

窦穆因假托阴太后诏被告发，被罢免官职。窦氏子弟均受牵连，窦氏失势。

有人告发班固私修国史，被捕入京兆狱。弟班超驰赴洛阳上书，为兄长辨明。班固出狱，召为校书郎，任兰台令史。

●◎永平六年（63）

明帝诏令班固继续完成先前所著《汉书》。

●◎永平十二年（69）

继续修纂《汉书》。撰《两都赋》。

●◎永平十六年（73）

继续修纂《汉书》。是年，奉车都尉窦固出击匈奴，以班超
为假司马，将兵别击伊吾。

●◎永平十七年（74）

继续修纂《汉书》。作《神雀颂》。与贾逵、傅毅等召诣云龙
门，论《史记·秦始皇本纪》"赞语"之得失。

●◎永平十八年（75）

继续修纂《汉书》。撰《马仲都哀辞》。是年，明帝卒，太子

刘炟即位，是为章帝。

●◎汉章帝建初三年（78）

继续修纂《汉书》。拜玄武司马，拱卫宫门。

●◎建初四年（79）

继续修纂《汉书》。是年，马太后崩。十一月，章帝诏群官诸儒会白虎观，讲议《五经》同异，作《白虎议奏》。班固以史官兼记录身份参加白虎观会议，会后撰集《白虎通义》。

●◎建初七年（82）

《汉书》纪传及十志成。

●◎章和二年（88）

班固以母丧去官。是年，章帝卒，太子刘肇即位，是为和帝。

●◎汉和帝永元元年（89）

窦宪北征，班固请求随同，为中护军。傅毅同在窦宪幕府，为司马。六月，窦宪大破北匈奴于稽落山，出塞三千余里。七月，与窦宪登燕然山，刻石勒功。班固撰写《封燕然山铭》。

●◎永元四年（92）

四月，窦宪还京师。窦宪既平匈奴，威名大盛，封官结党，权震朝野。六月，和帝与中常侍郑众谋诛窦宪。收窦宪大将军印绶，迫其自杀。洛阳令种兢曾遭班固家奴侮辱，乘窦氏失势，宾客遭索拿之际，逮捕班固入狱。不久，班固死于洛阳狱中。